入境·出境

安樂利行

桃園慈濟志工接機接待史

桃園慈濟人文真善美志工 著

證嚴上人開示

安樂利行　廣渡衆生

慈濟人的歷史、慈濟人的故事，就是菩薩道最好的見證。所以，我很重視歷史。所到之處，我都在催促每個人要整理出歷史——空間、時間、人與人之間，這三項都要完備。

桃園靜思堂是慈濟在大桃園區的據點，很感恩有幾位資深的志工，有的人因為自然法則已經不在了，但是他們的歷史還在；師父很懷念他們，很不捨得他們。所以每一個慈濟人，任何一個故事，都要分享出來，留下來。

各人的小家庭，是一生一世的家，靜思堂是生生世世的慧命之家，慈濟人在這裡增長慧命，在這裡發心立願，在這裡成就道業，共同成就菩薩道。國際間的慈濟人回到臺灣，也許他們下了飛機，還要在桃園安單過夜——我很感恩桃園慈濟人接機，並且在靜思堂接待他們，讓他們安心在這個家休息。桃園慈濟人當主人，除了盡心照顧海外法親、國際貴賓，讓他們感受慈濟大家庭的溫馨，也把握時間空檔，為他們導覽，讓他們了解慈濟歷史，知道臺灣慈濟人是如何做慈濟。做到了安樂利行。

佛陀的教法「四安樂行」——一心、三軌、四忍。一心者，就是一念心，一念心起，我們願力定，自然我們就能做出很多利益人群的事。三軌，入大慈悲室，著忍辱衣，坐諸法空為座，這就是「三軌」。「四忍」呢？那就是菩薩應該要修身口意，還要再加上誓願，這叫做「四安樂行」。

「身安樂行處」，身行中有事行、理行；事行就是行處，事理平行，有事有理，讓法在我們的生活中、生活在我們的身體力行中。「口安樂行處」，戒口過，心沒有誠意，口將它說得很好，到時候做不到，這樣就不行，所以令善說法、言之有信。「意安樂行處」，淨心業，我們要好好顧好我們的心，離貪嗔癡，付出無求、輕安自在，歡喜感恩。「願安樂行處」，起慈悲，我們的心時時要發起慈悲心，誓渡一切；沒有慈悲心，絕對沒有辦法發弘誓願。所以起慈悲，發弘誓願，渡一切眾生，誠正信實入人群。

菩薩入人群，廣化眾生，無處不在，無人不渡，而現在我們不必跨出臺灣，就有從世界各地的人來到這裡，與我們結這一分好緣，成就他們的菩薩道。桃園就是第一道進出的地方，要進臺灣來也是要從桃園，所以我覺得桃園很有福，粒粒種子都要經過這裡，桃園就是有緣去接引菩薩，讓他們回到臺灣完成菩薩的品格，完成他們的心願，這樣他們回去後，就可以名副其實在那個地方，再接引更多菩薩，才能救更多人，這都需要人人的用心。

就像桃園打造的飛機模型。在歲末祝福入經藏演繹的時候，為了幾分鐘的展現，桃園志工花費這麼多的心思、精神和力量，飛機要經過工廠打造，還要想方設法送到靜思堂；展示的講經堂是在樓上，不是樓下，要怎麼讓它上樓？這到底是怎麼運來的，在我的想像中，也是很費心力，過程應該是要有紀錄，這就是它的歷史。

桃園是臺灣之門，所以這一部飛機是空中慈航，降落在這裡，機門打開，大家愛滿滿，所以「愛鋪滿地」，感恩這就是人人的愛心；看機門打開，機門再大一點，人人的愛心更踴躍，菩薩招生，廣招來眾，可以讓慈航，不管是海運空中或陸地的慈航，都可以遍布人間，人人是菩薩，事事是好事，就是造福人間。

總而言之，我感恩桃園慈濟人，人人是用誠心供養，表現出來的作為，讓我真的安心。看到桃園的慈濟人，就感覺到佛法可以傳，尤其是慈濟精神，這都是重重見證，這都是最真、最實在，而且會合起來是最美，所以真善美就在這裡。

很期待這一群人間菩薩，大家靈山會不散，我們把握當下，有這樣的因緣，很真實，走入慈濟而且一心一志。慈濟人合和互協，共同一心，莊嚴道場，即使師父沒有來，弟子們敬師如師在，那份敬愛師父的心，就好像師父時常與大家相伴，大家都很用心地分享心得，每一位都是人間菩薩，每一位的心得就是法，人人都是大藏經，句句都是史實。

大家要有這樣的使命：「我一定要為人間、為慈濟人做一個回饋。」有形的物資，我沒有；我要無形的精神，有形的表達。我現在表達了，將來的人也會知道，哪個時間，哪裡的人，都留下紀錄，留在我們的藏經閣。所以人、事、物，這樣一段一段走過來，很有價值，大家把這些大藏經留下來，這是見證慈濟的大歷史。

※彙編自《證嚴上人衲履足跡二〇一七年夏之卷》、《證嚴上人衲履足跡二〇二〇年冬之卷》、二〇二一年十一月十四～十五日上人對桃園慈濟人開示、二〇二二年三月二十八日對慈濟基金會文史處開示

推薦序

請您把這裡當成家

文／慈濟基金會執行長　顏博文

走過臺灣與世界各地，接觸過許多機構、組織還有個人，有時我會從他們的接待工作來觀察這個單位和接觸者想要或已經建立的關係，我能輕易地感受到是屬於禮貌性的商務往來，或者是夥伴關係乃至如家人般的關係。

多年前，我還未加入慈濟，來花蓮玩的時候，曾順路到靜思精舍參觀。當時我對慈濟還不熟悉，只是聽說過慈濟是很有愛心、草根性的慈善團體。來到精舍，我沒有預約參訪，但精舍師父如家人般地接待我，我就跟著師父，聽他們用流利的臺語導覽、用很在地的口語生動幽默地介紹，讓我留下深刻的印象。

有些精舍師父帶導覽時，不用說太多話也很好，自然地帶著你走和陪伴，給參訪者有些觀察這個組織人文的空間。就像品茶，不是一次把所有的茶喝完，而是喝完一杯之後，靜下心來仔細地品味餘韻。我喜歡這樣比較自在的導覽，相信對於慈濟不了解或有些誤解的參訪者，若能自在地參訪一趟，對於慈濟可能會有明顯的改觀。

我在新加坡工作時，又更進一步接觸慈濟，回到臺灣隨即加入新竹的志工見習與培訓。那時的課程是跟桃園區合辦，所以常常要到桃園靜思堂上課，有較多跟桃園志工互動的機會。那時我就是在群體之中，接受著桃園志工對上百人的大團體的照顧，所以也沒有哪個人會有差別待遇，當時即能感受到桃園志工在細節裡的安排，並不會因為從外地來而有陌生的隔閡。我還記得一位桃園合心志工常要我們把靜思堂當作自己的家，而他們也真的把我們當家人一般在照顧。我想，桃園志工們也有精舍師父那般接待家人的精神，有讓人自在地融入這個大家庭的感覺。

在新竹靜思堂落成之後，證嚴上人曾經提醒新竹志工可以向桃園借鏡如何做好主人，我們也特別組團到桃園上課，學習如何當主人、接待外賓。可見桃園志工多年接待國內外志工和參訪外賓的經驗，已成為上人心目中的典範。

可想而知，由於國際航班的變化球很多，可能因為各種因素延誤，讓他們在接待上遭遇種種問題，面對來自各個國家地區的人，也會有各種包括飲食、宗教信仰等人文習俗的不同，志工們都需要想辦法應對，這也就磨鍊出他們在接待上的火候，他們都不是先追究責任，而是把這些都當成一個教育，然後持續改善，這點我很敬佩。

若把桃園志工的接待稱為一種境界或是功力，我想是這來自於靜思精舍的教導與傳承，這和一般商業接待的目的不同；慈濟是把對方當家人、而不是客人來接待，這中間最大的差異，是誠懇無私，沒有計較與目的，所以能讓來者感覺自在。

我一直認為，在接待過程中，接待時的心態比口才重要。我們常要面對來自四面八方的訪客，尤其他們對慈濟是有所期待或有興趣的，有些訪客的修行境界與佛學程度可能高出我們許多，我們應當秉持著接待「未來佛」的心態，用真誠陪伴和學習交流來互動，自然會超越彼此比較的框架，卻又能給對方空間思考判斷，讓對方自在地用他們的方式來認識慈濟、接受慈濟。相信這種方式，比較可以經得起考驗和長久持續。

透過這本書，桃園志工分享了他們在「食、衣、住、行、育、樂」六個面向中，為接待做的準備與心路歷程，其中的點點滴滴，也是新世代的慈濟人所能夠學習與參考的一門學問。真心期盼，這不只是收在書裡的學問，而是真正落實在人與人之間的人文，永永遠遠都能感動，那每一個踏進慈濟大門的人。

推薦序

離家、回家，都有他們在

文／慈濟科技大學人文室主任　謝麗華

每年的暑假，經歷一段長時間的集訓後，就是學校親善大使引頸企盼的出國行程。我們通常安排學生到桃園靜思堂住宿兩天，一方面讓來自四面八方的學生回家收拾行李後，再次集合整隊；二方面也讓他們可以為兒童劇作最後彩排，以最好的狀態出門。

多年來，感恩桃園靜思堂的同仁、師兄師姊、還有學校懿德媽媽們的協助，讓我們在那裡安住，舉凡食衣住行都被妥善照顧。學生也笑稱，住飯店最多提供早餐，但在這裡，慈濟人除了提供三餐以外，不時還為學生提供茶點，這真是家人才有的待遇。吃在嘴裡，感受在心裡，學生不必老師交代，都會自動地製作感恩卡，表達他們的感恩之情。

對於經常接送來自世界各地慈濟人的桃園師兄師姊來說，他們的豐富經驗無比珍貴。他們甚至比旅行社還了解各航班的飛航要求，在出門前一晚即幫忙所有團員秤行李，過重者，則重新打包，連打包帶等物都有萬全準備。知道我們行李件數特多，有時近百件，還特地提供每個人標準的行李帶或手提行李環，方便出關時點收行李。每個細節都讓人感動不已。

有時我們搭的航班很早，凌晨四、五點就要前往機場，但師兄師姊總是有辦法為大家準備熱騰騰的早餐。我們雖然多次表達不必勞煩，但說真的，去到機場未必可以坐下來吃個素食早餐；想起有人為我們特別早起的忙碌，總是感到特別幸福。

對帶隊老師來說，師兄師姊們處處的貼心幫忙，不只消除了我們帶隊的壓力，還增添了一股祝福的力量，感覺任重道遠；對於帶學生出國、傳揚慈濟人文的使命感，也更形強烈。

記得二〇一六年桃園機場淹大水，那次淹水造成桃園機場癱瘓十個小時。而我剛好在那一天出差回來，也被困在機場數小時。突然眼前出現穿著藍天白雲的師兄，我急忙上前「相認」。師兄表示他是要接海外回來的慈濟人的，但也趕緊聯繫了另一位師兄來載我，我就這樣順利地趕上了回花蓮的火車。

那一刻，我感覺自己搭上的彷彿是「諾亞方舟」，內心感恩無比。對於我們經常比手語的〈一家人〉這首歌，也從此有了不一樣的體會。

編者序
一趟愛的旅程

文／李明霖、陳秀貴

「三輪體空」是學佛者行布施時應有的修為，意思是指布施時對施者、受施者、所施物，抱持無念無求之心，一切只要「做就對了！」而且不僅是三輪體空無所求，還做得特別歡喜。

慈濟創建在臺灣東部花蓮，證嚴上人以超過半世紀的歲月號召大愛；在二〇二二年時，慈濟人已遍布全球六十七個國家地區。這些慈濟人之中，許多其實未曾到訪臺灣，甚至沒聽過臺灣，但他們透過接觸慈濟、參與慈濟，就認定了臺灣是愛與善的發源地，也把花蓮靜思精舍視為心靈故鄉。

本書主角——桃園慈濟志工因與國際機場的地緣關係，是這些海外各地慈濟人「返鄉」的第一站，他們頻繁地承擔起接機、送機、等待、運送等勤務，成就了海外慈濟人對臺灣的第一眼印象，也是海外慈濟人滿載法喜返鄉之前，最後一個臺灣人情味的加溫站。

要照顧好這些未曾謀面的「海外家人」並不容易，多年來桃園慈濟志工始終抱持使命，歡喜付出，因為這是一個在全球慈濟志工群體之中獨一無二的「超級任務」——隨著飛機不分日夜起降，他們也輪值排班，在深夜冷風刺骨或烈日當空之中出勤，備好熱食、提供住宿梳洗的空間；他們還得在海外慈濟人處於人生地不熟卻偶忘必備物件之際，使命必達地找到他們所需，包括針線、髮夾、藥品、充電器、電壓接頭等林林總總，卻永遠無法預先準備的各類需求。

要周全每一次變化多端的接待工作，說不累是騙人的。曾有志工談及，有次下班後去接機，但對方的班機延誤到半夜才抵達，等待過程中他心急如焚，因為隔天還要上班……然而一旦接到人之後，他瞬即轉念：有平安接到就好。

正因為這是全球獨一無二的超級任務，可以服務從世界各地回來的海外法親家人，與他們結一份善緣；而付出後所得到的那份歡喜，猶如身懷一顆無價的寶珠，無可取代。

桃園慈濟志工的接機故事，是一段愛的歷史，卻也容易被生活的小煩惱、家國社會的大事件所構成的洪流吞沒；尤其在歲月流逝之間，人會因為自然法則而老邁，記憶與心智也會隨生理機能的退化而消滅。證嚴上人就曾以「莫忘那一年，莫忘那一群人，也莫忘那一念」來勉勵志工，要守護的不只是每個人曾經無私付出的那一念，而是時時刻刻的那一念心。而慈濟基金會文史處結合人文真善美志工，集結這些愛的故事進行出版，正是希望這些微小但美好的行動，持續鼓勵著有心為善卻又不知如何著手的人們「做就對了」！

但要重現這些故事，卻須克服重重難關，主因在於這些承擔勤務的志工們太謙虛了，他們秉持那份「三輪體空」的修為，有些人堅持「這只是盡本分」而不願受訪；而承擔本書撰述的桃園人文真善美志工即使發揮三顧茅廬的精神，多次軟磨硬泡，最後往往還是輸給這些人「做就對了」的精神，尤其他們最有默契的一句話：「做過早就忘記了。」輕鬆得好像什麼事都沒發生一般。

幸好這群真善美志工們鍥而不捨，從許多檔案、文章中重新耙梳，循著一個個小線索來重塑這些曾經發生過的事蹟。二〇二〇年底，桃園真善美志工們在桃園靜思堂舉辦了「溫馨接送情」座談，邀請三十多位志工分享當年接送機勤務的精采故事，讓本書的梗概：接機發展史、訪視與醫療個案接機、外語隊接機接待、生活香積、海外家人回饋等單元逐一浮現，除了重新邀訪，也結合了早於二〇一七年就完成的部分文稿，讓所有接機史料更臻完善。

沒有桃園真善美志工的戮力投入，本書就無法完成，令人感動與感恩的是，志工們都非專業作家，採訪與寫作的能力經驗不一，平日也各有所忙；但為了讓每個人都能貢獻力量，他們採取資深陪伴新進的方式來進行記錄、協助邀約受訪者、陪訪、看稿及併稿等各項工作。

本書所記載的人物，並非大家耳熟能詳的大人物，他們可能是鄰居的大叔、廣場的大媽、市場的小販、上班族或退休的老人……這是他們在平易的生活中，把握時間做志工，跟隨著證嚴上人利益人群的同時，也豐富了自己生命的故事。

期待正在閱讀此書的您，透過本書能更加貼近這群志工，看見他們或感動、或驚喜、或無奈、也緊張刺激的經歷，也多給予您身邊的人一些鼓勵，世界正因這些平凡小人物所散發的自性光芒而精彩。

目次

第四章 行

第五章 育

入境

ADMITTED
APR 24, 2022
入境

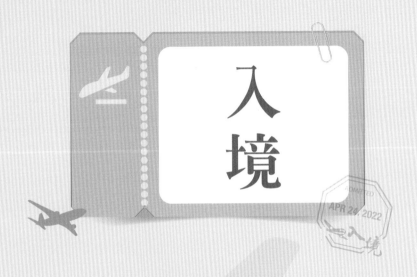

航站奇緣　愛的轉運站

桃園接機發展史

機場是連接世界的樞紐，但對於位處臺灣出入境第一站的桃園慈濟志工來說，他們在機場背負著全臺唯一的超級任務——溫馨接送情。桃園志工長期守護在此，不論何時，只要海外家人有需要，他們就一定會在。

起降的班機、熙來攘往的接機大廳，在繁忙的桃園國際機場，無論是西裝畢挺的商務客或是倦鳥返鄉的旅外歸人，在踏入接機大廳這時，高漲的情緒達到了最高點……「飯店的接機人員在哪裡？」「爸爸有來接我嗎？」「終於要見到許久未見的孩子了！」

「師兄，這三天，我們有近百班的航班要接送。請幫忙再次確認遊覽車的編號。」站在接機人群中的志工楊慶鐘，穿著西裝、手機不離身，從對話中，很容易被誤會成是旅行社的工作人員。

楊慶鐘是慈濟在桃園的「接機窗口」，負責協調每位海外慈濟志工來臺的接機工作；隨著慈濟在全球慈善足跡的擴展與慈善國際化的趨勢，他與「桃園接機團隊」的任務也不斷增加，不僅國別增多，來訪的人員類型也越加多樣。

旅行社等級調度　一絲不苟

二〇一一年，由桃園接機團隊所接待的馬來西亞千人團，便可說是高難度的接機任務之一。抵臺後，他們還要前往高雄觀摩當年臺灣慈濟志工正在演繹的「慈悲三昧水懺」公演；人數眾多，還要從北部趕到南臺灣，路途之遙，也堪稱最遠的一次。

這媲美超級旅行社等級的調度與服務，完美到近乎滴水不漏，為了節省人力和車輛調度，志工還會將兩到三個時間相近的航班，視人數多寡，重新組合後安排一起接送：三十人以內，由社區的協力組隊[1]安排個人轎車、箱型車；三十位以上，則安排遊覽車或中型巴士。

承接交通安排的交通組志工陳建華分享，當時是租二十部遊覽車，由桃園客運提供優惠的價格與高品質的服務，同時還要視交通路況，分時段分走國道一號或國道三號，以達到運送的效率。

即便是夜間抵達臺灣，無法立即前往高雄，夜間的住宿安排，桃園志工也一應俱全。當時來客住滿了桃園靜思堂的住宿寮房，還多安排兩間旅社安單，順利地讓來自大馬各地、搭乘不同班機的千名志工，安心休息，也全數趕上參與高雄的公演活動。對於首次來到臺灣的海外志工來說，接機服務不僅為他們解決交通、住宿問題，更特別的是感受到的那份溫度。

印尼慈濟人醫會成員抵臺，參加 2003 年全球慈濟人醫會年會，桃園志工於機場熱烈迎接。（攝影／鄭臺昇）

天時地利人和　開啟服務首頁

能夠做到完美的服務，來自於桃園接機團隊長久相處磨合得來的默契，他們最初也未曾想過會做到如此，而「天時」是最初促成這任務的第一步。慈濟接機接待的工作，一開始是由臺北的志工負責，桃園志工僅從旁協助，在機場歡喜接到海外慈濟人後，再一起送到臺北安單住宿。

一九九六年五月，適逢慈濟三十周年慶，慈濟基金會舉辦第二屆「全球慈濟人精神研討會」，有來自美國、加拿大、墨西哥、巴西、南非、阿根廷、澳洲等全球十七個國家的慈濟志工返臺參加。

此時，恰好桃園志工也因人數增加，從北五中隊擴編為桃一至桃四中隊[2]。「時候到了，我們就依照桃一、桃二……來安排接送。」因這次的大型活動，桃園區首次啟動接送機的任務，當楊慶鐘一接到訊息，立刻啟動排班。

任務之初，在桃園的調度工作主要集中在永安聯絡處[3]，當時接送機的任務還不頻繁，遇緊急臨時接送服務，楊慶鐘會請住家鄰近機場的慈濟人鄭文章等幾位志工承擔。

2003 年 SARS 疫情期間，二十三位桃園志工支援中正機場防疫工作，協助從中港澳等疫區入境的旅客測量耳溫、填寫居家隔離單。（攝影／吳木）

起初，也曾因時差問題，發生了頗為尷尬的窘況，「有位從美國回來的海外家人，明明是明天才到，卻誤以為是今天，就排班去接機。」楊慶鐘憶起過往糗事。

二〇〇〇年前後，在機場對面開設連勝停車場的慈濟志工羅清元，開始以私人的招待所，承擔零星的接機接待服務，後來更成立大園機場共修處[4]，正式加入當區組隊的接機接待。

二〇〇三年SARS期間，衛生署疾病管制局（今衛福部疾病管制署）向慈濟基金會請求協助，幫機場出入境的旅客量耳溫、填寫居家隔離通知書，當時桃園與新竹志工攜手排班達二十餘日。

隔年二〇〇四年，「奔騰國際 耀動人文——全球慈濟人文教育研習營」有印尼大愛學校、中國大陸湖北武漢兒童福利院等團隊回臺參訪，也全都是由接機團隊作接待服務。

接機十年後，二〇〇六年五月逢慈濟四十周年慶，桃園靜思堂啟用，大園機場共修處慢慢卸下接機服務的任務。因會務擴展，除了接送機、協助運送行李的任務之外，桃園志工也增加了接待、生活、香積與安單、以及處理行李的服務。

並且，在機場拉布條，用最熱情的心列隊，一邊拍手、一邊唱歡迎歌，這般盛情，總會使海外家人的心底感覺暖洋洋，無形中也好似歡迎其他入境旅客，讓他們也相當開心。

於是，接機團隊從個人性、臨時性的任務，逐步組織化及制度化。同時，接機任務執行的過程，也與志工的組織架構演變高度相關（詳見書末附錄一）。

當迎接到的　是空難與無常……

明天，是明天先到，還是無常先到？接機變化球多，飛機也有不落地時……

「我們這麼多人在這裡，就是希望能幫貴公司的忙。」一九九八年二月十六日晚間八點零六分，中華航空公司的一架空中巴士，自印尼峇里島國際機場飛往臺灣中正國際機場（今臺灣桃園國際機場），因降落時駕駛操作失誤，導致飛機失速墜落，造成二百零二人罹難。桃園慈濟志工第一時間全力動員關懷。九點左右，志工楊金雪與近百位志工趕到現場，主動向航空公司的經理釋出關懷。

「我們也很急，一時間發生這種事情，還不知道這些罹難者該如何處理……」經理驚慌失措地說。

枯等到十一點多，終於有訊息傳來，「罹難者家屬都安置在過境旅館，現在是不是請你們去安撫？」楊金雪與志工們便趕往過境旅館，但是罹難者家屬卻向她與志工們提出要求，「你們能不能進去現場幫忙助念？」無奈主管們都在開會，等不到決策，她只能與大家留在現場陪伴。

近十二點，會議終於開完，一見到縣長呂秀蓮，楊金雪馬上道出對罹難者的關懷，「我們慈濟人除了安撫家屬外，也希望有些人能進到現場去助念。」「好！」呂縣長一聽完，馬上就請華航備車。

「等一下進去，不是只看到一、兩具大體，是兩百多具，且都不完整，大家要有心理準備。」三十四位慈濟志工穿著小袈裟來到西濱公路現場，楊金雪在車上先向志工們打預防針。現場一具具肚破腸流、支離破碎的大體，場面令人驚駭萬分，「若沒有參加慈濟，我哪有這麼大的勇猛心？」楊金雪感恩地說。

二〇一四年桃園慈濟已擴編至十六個和氣區，基金會宗教處同仁開始幫忙楊慶鐘整理資料及協助串聯各和氣區。而也在該年一月漸漸轉移，接機勤務的安排改由宗教處同仁來承擔，至今已邁入第七年。

來臺路迢迢　背後故事多

每年約有上萬人次的慈濟海外家人與貴賓，不畏舟車勞頓，千里迢迢來臺。而在長期的接送中，歲末年終最為繁忙，因為此時正是全球新受證委員、慈誠來臺受證的時期。

而為了圓滿受證心願，對生活較貧困的人來說，買一張來回機票，無疑困難重重，更何況是食宿的安排。因此，接機團隊的陪伴與接應，也就顯得格外重要。

菲律賓志工金娜，婚後嫁到馬來西亞，生活清苦，必須要從早上九點開始為人打掃屋子，直到下午六點，以賺取約七十元馬幣（約新臺幣四百六十二元），靠微薄的薪資勉強生活。

信仰基督教的她，二〇〇六年開始投入慈濟環保工作，先生一開始還不是很認同。

有一天，金娜跟著慈濟人到馬來西亞分會，突然間看到了一張相片，好似她在菲律賓家鄉時曾做的一個夢——一群出家人在爬山，其中有一個回過頭來，就是相片中的這一位師父。從那時開始，金娜就一心一志要投入慈濟，且希望有朝一日來臺灣，獲得師父授證。

為了圓滿心願，金娜每天存一塊錢，其中的五毛錢是做善事，另外五毛錢是要存起來買機票的。十年下來她終於存夠金額，加上貼心的大兒子也補貼一些，讓她歡喜成行，於二〇一五年圓了夢，來臺受證成為慈濟委員。

接機服務　隨時勢不斷進化

接機項目，除了各種營隊和賑災、醫療團之海外慈濟家人接送，也有醫療個案、訪視個案、賑災與醫療團的物資打包和口罩的運送，還有一般人比較不會聯想到的——意外事件之家屬及大體接送。而這兩年因疫情爆發，志工也投入關心守護出入境第一線的航警局人員。

二〇二〇年，臺灣疫情逐漸爆發。為守護移民署國境事務大隊同仁的健康安全，視國境事務大隊需求，慈濟於短時間內備妥橡膠手套三千五百雙、防護面罩三百個，以及淨手用的茶樹酒精一百五十瓶，捐贈給第一線人員。

面對新冠疫情，慈濟基金會、大愛感恩科技致贈內政部警政署航空警察局防護面罩、茶樹酒精隨身噴瓶、醫療級手套等防疫物資以及福慧珍粥、香積麵等，感恩維護臺灣航空安全的警察人員。（攝影／李佩璇）

移民署國境事務大隊副大隊長孫圖華說：「雖然時間很短暫，查驗都會摸到旅客的東西，我們還是希望隊員盡量戴手套、面罩，因為萬一不小心旅客在你面前打個噴嚏，回去會擔心到三天三夜睡不著。」

身處出入境的第一線，桃園靜思堂與機場的關係密不可分，為使海外慈濟家人回到心靈故鄉，就像回到自己的家一樣溫馨，志工和世界各地法親家人結下好緣的這段接送情，已如此默默走過二十五個年頭。

1 慈濟志工的組織架構，詳見書末附錄一。

2 慈濟各地志工會依照區域劃分團隊，當時桃園仍隸屬北五中隊，擴編為桃一至桃五組。詳見書末附錄一。

3 當時層級應為桃園支會，因位於桃園永安路上，而被稱為永安聯絡處。二〇〇六年慈濟桃園靜思堂落成啟用，桃園支會所有行政運作遷移至桃園靜思堂；二〇一三年桃園靜思堂會所升格為桃園分會，原桃園支會舊址改為桃園永安聯絡處。

4 羅清元將自己經營的連勝停車場的私人招待所，裝修成可提供慈濟活動的會所，即大園機場共修處。

桃園接機任務大事紀

1996年 5月

慈濟三十周年慶，慈濟基金會舉辦第二屆「全球慈濟人精神研討會」，桃園志工正式啟動接送機勤務。

1999年 9月

九二一大地震後，經營連勝停車場的志工羅清元，以私人招待所作接機服務。

2000年 10月31日

新加坡航空006號班機空難，桃園志工前往機場助念。

2020年 3月23日

慈濟基金會為守護臺灣的移民署國境事務大隊贈送防疫物資、防疫面罩。

2021年 9月2日

首批九十三萬二千劑BNT疫苗抵臺。鴻海、台積電與慈濟一同接機。

機場鄰居　慈濟人的家

大園機場共修處的階段性任務

桃園慈濟志工的接送機因緣，大致分三階段：大園機場共修處成立前、後的接待，以及桃園靜思堂啓用後的接待。其中最難能可貴的是志工羅清元及鄭秀珠夫婦，發心提供及努力經營的大園機場共修處，成爲接待海外家人來臺第一站。

身處世界地球村的現代，飛機是國與國之間最普及的交通工具，加上資訊的發達，身為臺灣出入境第一線的桃園國際機場，旅客的送往迎來是多麼地便捷。而志工遍布全球的慈濟基金會，也早在Uber出現之前，就發展了一套完整的「慈濟接送機」模式，其中階段性的因緣，也不盡相同。

一九九一年四月，因援助南亞孟加拉水患，揭開了慈濟國際賑災的序幕；隨著時間演變，全球災難頻仍，慈濟國際賑災的次數增加，開始與機場結緣，來往世界各地的臺灣或海外慈濟家人，也讓「慈濟接送機」模式逐漸成型。

但是早期接送機沒有排班表，往往一通電話或一場活動就是接機需求的訊息，因此遇到第一次來、又沒親人在臺的海外慈濟家人，接送的志工便須多費心。而身負陪伴、接送使命的，就是桃園慈濟志工。

剛開始桃園還沒有靜思堂，海外慈濟家人回來臺灣，桃園志工只負責接送到臺北去，如此短暫的相處，很快就會忘了誰是誰。所以如何在短暫的接送任務中，讓海外家人有賓至如歸的好印象，便考驗著與機場地緣密切的桃園志工。

細細雕琢　招待所成共修處

住家緊臨機場旁的羅清元及鄭秀珠夫妻，將他們經營的連勝停車場中的私人招待所，發心借出提供接送機用，從此來往機場的志工就有了中途休息站。另外海外慈濟家人需要回來了解慈濟的慈善理念，但桃園靜思堂還在工程營建期間，沒有足夠的空間招待，於是私人招待所改造後成為大園機場共修處，就是所有慈濟人的家。

2005 年接待斯里蘭卡外賓，羅清元帶著環保志工、親子成長班的孩子和接機志工，在機場以小小舞龍、圍圈列隊歡迎外賓，讓孩子也能了解接機接待。（圖片提供／鄭秀珠）

「全球志工總督導黃思賢就曾笑著告訴志工，到了桃園機場，只要腳踩地上三下，抬起頭來就會看到連勝停車場來接機的車……。」羅清元說：「連勝跑機場的車都是二十四小時等候，即使半夜接機也不擔心。」可見當時的專業程度。

連勝停車場創立於一九九一年，是全臺第一家專業民營汽車停車場，董事長羅清元當年還是第一、二任公會理事長，也是桃園國際機場航警局的顧問。加入慈濟第二年，第一次跟臺中志工洪志成去機場接印尼當地企業家郭再源，羅清元就很臭屁地說：「人家是在外面接人，我是到機坪下來的通道去接人，因為我是靠機場吃飯的，機場就是我家。」接到之後，外賓就直接住到羅清元家。

「是你們接待他嗎？」證嚴上人問回到精舍的接待志工。

「師父，我進去機場把他接出來的。」羅清元洋洋得意地回答，引起現場一陣笑聲。「你們在機場外面接就好啦！」上人慈示。羅清元體會到，不能耍特權，要如法如儀，也感受到接待是多麼重要的事。

之後有一次鄭秀珠去菲律賓，住在當地一位師姊的家裡，因為招待做得很好，結了很多好緣。她攝受那美好的因緣，回來便跟先生羅清元說：「以後會有很多海外回來的志工，都很需要各方面的協助，將心比心，既然我們就住在機場旁邊，由我們來承擔接待的工作，廣植福田。」

羅清元很喜歡交朋友，他的招待所有三溫暖、游泳池，更有二十二人座的原木大宴會桌，平時沒有那麼多海外的朋友來，都是和一些好朋友在那裡喝酒、吃飯、唱歌、跳舞。他聽了鄭秀珠的建議，說做就做，要將消福的地方變成造福的地方，提供給慈濟家人運用。夫妻倆便很高興地回花蓮請示上人。

他們的心願很簡單，只是要讓海外家人下飛機來到這裡，就感覺很舒適、親切，像自己的家一樣。後來，上人親自取名「慈濟大園機場共修處」，羅清元也著手將招待所裝修成共修處。

要做這些事談何容易，在商場上呼風喚雨、做事得心應手的羅清元，憑著在花蓮靜思堂看到的建築樣式，拍下喜歡的照片，著手改裝招待所。但是要將充滿故事的慈濟建築、布景呈現在招待所裡，羅清元抱著忐忑不安的心情，邊作邊改。

招待所裝修成共修處後，大門進來擺有花蓮靜思精舍早期的「小靜思」造型，「裡面必須鋪有榻榻米，且放著上人的法像。」精舍常住師父每來一次提點意見，羅清元就改一次。尤其招待所裡的宴會廳，原本是唱歌、跳舞、喝酒的地方，要轉換的時候，他也著墨許久。

桃園大園機場共修處二樓內部景觀。（攝影／徐明江）

感恩上人和精舍常住師父的指導，羅清元邊改邊學習，前後花了十個多月時間整理。改建後，樓上、樓下總共約有七百坪。

當海外慈濟家人來到大園機場共修處，看到小靜思及上人的法像就很歡喜，想起心心念念、朝思暮想的心靈故鄉——靜思精舍，便在上人法相前，禁不住掉眼淚，跪在榻榻米上，將心中所有的不快和思念的情緒，全都掏出來傾訴一番；羅清元因而把它稱之為「告解室」。

「羅居士你很有智慧，你的地方以前是消福，現在是造福。」花蓮靜思精舍師父來到共修處都會這樣說，羅清元覺得很有道理，聽了內心也頗為歡喜。

用心接待　處處顯溫馨創意

當然有了硬體設備還不夠，羅清元為了表達誠意，除了例行的排班之外，總是有令人意想不到的接待方式，讓出入境的海外慈濟家人，賓至如歸又安心歡喜。

「接待海外慈濟家人很隆重，我們還買了大鼓和擦鈸來表演，播放著慈濟歌選，來賓都很高興，和海外家人結了很多好緣。」羅清元喜歡熱鬧氛圍，用心組

桃園機場共修處啟用暨社區音緣饗宴，來自臺北的師兄師姊們演出「人有二十難」。（攝影／徐明江）

了鑼鼓隊在機場迎接貴客，機場所有的目光都瞬時集中於此，好不熱鬧。

志工穿著慈濟禮服：師兄著西裝，師姊穿旗袍，排列整齊在出口等待貴客入境，然後打招呼、幫忙推行李，大家歡喜做事，還常常被認為是哪一家航空公司的空姐、空少。大園機場共修處的志工，就是這樣招進來的。

海外慈濟家人感受到志工們用心用愛的陪伴，也曾經在他們要離開臺灣時，所有人全部圍在游泳池上的欄杆一起唱〈一家人〉，非常溫馨。每一個人比著手語，眼淚就不由自主地掉了下來，「捨不得，捨不得回去。」鄭秀珠訴說當時以誠、以情的接待，雙方都倍覺感動。

大園機場共修處運作約有八年的時間，為桃園接送機任務發揮很大的功能，天天都在接送客人，連去國際賑災的團隊，出發前都是在大園機場共修處安單。平時為了招募臺灣本地志工，羅清元和鄭秀珠也會舉辦很多活動，例如親子成長班、書法班、手語班等等。

這段期間，羅清元也參與過無數次國際賑災，去過土耳其、中國大陸等，其中在印尼發放搬米的過程中，他眼見兩個小孩拿著鋼杯，吃著香噴噴的白米飯，內心觸動。鄭秀珠形容，他的心變得柔軟，開始展現鐵漢柔情，因為回想起小時候曾經手心向上接受美援，幾曾何時，他也茁壯能手心向下，幫助別人。

羅清元覺得人生就是：「做了就會有經驗，多做多得，累積經驗才能成長，增加智慧；沒做沒經驗，就無法掌握做事的要領。」大園機場共修處承擔了多年的接送機任務，讓羅清元成長許多，連他自己都沒料到，自己可以發揮這麼大的功能，是他這輩子感覺做得最對的事情。

一個都不能少

千變萬化的接機排班

若說直布羅陀海峽是連接大西洋與地中海的重要樞紐，楊慶鐘則是扮演桃園志工接機勤務能否順暢進行的關鍵角色，如同直布羅陀海峽般至爲重要。

「我來承擔！」志工楊慶鐘一直把海外慈濟家人當作是「遠行地」[1]菩薩，由鄰近桃園國際機場的桃園區志工接送他們，回到心靈故鄉花蓮靜思精舍。桃園靜思堂於二〇〇六年啟用後，更成為「菩薩轉運站」，楊慶鐘則自願承擔窗口，當仁不讓地接下站長的職務。

海外慈濟人分布全球六十六個國家地區，慈濟基金會本會則各自有負責的聯絡窗口，如美洲、亞洲、歐洲、亞洲、菲律賓、印尼、馬來西亞、紐西蘭、美國、中國大陸……。而楊慶鐘站長的工作，是接機志工的排班與派班。

由基金會本會幾位職工同仁，各自與數十個國家地區聯繫，再將接機訊息以email的方式傳給他，內容會簡述基本的資料訊息、時間日期與人數。楊慶鐘依照訊息，將接機排班表排好後，再轉寄給輪值的組隊。

行程流暢　全靠嚴密分工

「電腦如此神奇，有沒有那種訊息來了，可以自動歸檔的簡便方式？」楊慶鐘問。

「沒有，即使有Excel程式更方便與更適合製作排班表，但也要人工複製或輸入……。」這問題他問過兒子、本會職工、幾位年輕的志工、抑或是一些電腦高手，但得到的答案都差不多。

過去經商、見多識廣的楊慶鐘，逢人便虛心請教，但當時應用程式發展有限，沒得到他想要的答案。他只好繼續使用他唯一會的Word程式土法煉鋼，一筆一筆複製或輸入資料，來製作以月為單位的接機排班表。

接機可能一天一、兩位，但遇到每年中秋人醫年會、或海外歸國受證之類大型活動時，世界各地的志工、訪客一天可能有數百到上千人。他們的班機與抵達時間一改再改，總是考驗著排班表製表人的功力。

但「一回生、二回熟、三回變高手」，在不斷地實練與考驗中，楊慶鐘將往返的日期、時間、班機、人數、特殊需求依序清楚條列出來，很快就理出一目了然的勤務排班表，聯繫也抓到技巧確認時差問題，不會再有接機志工提早一天到機場卻接不到人、再連繫才知應是隔天接機的狀況了。

無論是海外家人或訪客，除了機場接送、安排交通，接待還需全面性的配套機制。為了讓運作順暢，桃園志工們輪流排班機，輪到哪一組隊香積勤務煮餐食，該組隊整組人力就跟著配合負責交通、機動、安單等等工作。

桃園志工依居住地區分組，因此總有分布不均的問題，大組志工人數較多，約有三、四百位，小組約兩百位。每組隊人力架構有所不同，因此遇大型活動或突發狀況，就會調度相互支援，這也是大家多年來培養出的經驗與默契。

香積組負責餐點、茶水；生活組負責安單——安裝被套、清理寮房，以符合慈濟人文的方式，接待和陪伴生活所需；師兄負責車輛安排與接送，遇大型營隊，交通組就外聘遊覽車來做接送。

接送任務中較單純者，是點對點的接送，接進來就直接安單桃園慈濟靜思堂，隔天送往車站搭火車回花蓮。但是接機和接待勤務密不可分，每位志工各司其職、扮演好自己的角色，才能讓團隊運作順暢。

訪客、海外家人從世界各地來臺，在回花蓮或返鄉前，常有等車或等班機的空檔，楊慶鐘會協助安排環保或人文交流活動。

例如，二〇一九年要前往花蓮慈濟華語文中心學習華語的美國慈少[2]們來到桃園安單，志工就請桃園慈少來迎接他們，藉此難得機會互動與交流，兩地慈少都玩得很開心；二〇二二年馬來西亞慈少們來，則是安排在第二天早晨，前往環保站做環保。

楊慶鐘最常安排家人們前往的地點，就是鄰靜思堂步程約十五分鐘可到的三元街環保站，讓他們一起把握時間和因緣，與臺灣環保志工們一起為愛護地球、守護大地盡一份心力。

一期一會　禮儀與傳承

「楊師兄，不用那麼麻煩吧！為什麼要穿西裝？藍天白雲也是制服啊！有必要那麼麻煩嗎？」穿西裝去機場接機，是楊慶鐘的堅持。

參與海內外賑災十天、半個月不回家也沒問題的楊慶鐘，是個隨遇而安、略帶草根性、不拘小節的人；但他很看重接機接待這件事，也很看重被接待的人。

楊慶鐘常參與慈濟營隊活動，

泰國清邁慈濟學校國中部、高中部學生參觀桃園三元街環保站，學習做環保。圖：學生們分類寶特瓶。（攝影／湯謹禎）

知道許多場合要穿正式的服裝，以禮相待，而不是穿活動服。用最高規格接待方式延續到今，接機的女眾師姊們還是保留穿旗袍。早期的男眾也是穿西裝，後來因應氣候變遷，才改成穿制服或藍天白雲志工服。[3]

接機堪稱第一名的蘆竹志工團隊的蘇建坤，就很感恩楊慶鐘先前嚴格的教導及帶領，才奠定下良好的接機、接待基礎。因為，有堅持才有好品質。

桃園機場接送自二〇一六年起，一年約有九千至一萬三千多次的接送紀錄。二〇一八年證嚴上人行腳到桃園靜思堂，在座談中聆聽志工們的「溫馨接送情」，對桃園弟子熱忱接待海外來的志工，如同家人一樣，上人表達感恩，期許每次接送都是接引菩薩的機會，並開示：「每一個國家來了發心、感動，啟發他的道心，他們回去就發揮他們的道業。」

楊慶鐘深思：「他們都是佛經中所提到的飛天菩薩，是來取經，我們是要以法相會的人，同樣是慈濟人，來者是客，如何承擔主人的角色？要重新定位、重新學習。」

每次回到精舍，師父們把大家當作是家人、孩子、也是弟子。法親互動時，師父只要時間夠，就會陪伴大家；師父在忙，就會交代：「回來是自己家人，要自我接待。」這樣的溫馨互動，也影響了楊慶鐘。因此他的車上總會帶水、食物，預備給家人們，深怕大家口渴或餓著了，並持續摸索和學習如何做好海外慈濟家人的接待。

早期海外慈濟家人回程要離境，楊慶鐘都會帶團隊去送機出關。那時機場有玻璃圍牆，他們便到那裡去跟家人們揮手告別，家人們往往感動到在玻璃牆邊哭著走進去。

楊慶鐘認為，和海外慈濟家人也許就相遇這一次、也許未來會常常見面我們無法預知他們什麼時候會再回來。所以他都是以「一期一會」的心情，把每一次的相遇當成是唯一的一次，用心接待，讓他們留下好的印象與感受。

福氣上門　歡喜來承擔

隨著時光推移，楊慶鐘也將工作交棒，從二〇一四年起，由基金會宗教處承接統籌，「接機排班表」則由桃園分會同仁陳志輝，於二〇一五年接續編製。

除了顧好桃園慈濟人的家，楊慶鐘也參與海外賑災，照顧海外家人的家。圖：菲律賓海燕風災將滿五周年，楊慶鐘（左）參與當地關懷工作，親切地和小朋友互動。（攝影／吳碧珠）

臺北慈濟醫院、花蓮慈濟醫院等醫療單位，或是慈濟大學、慈大附中等教育單位，都有海外交流活動，負責窗口會將訊息傳給陳志輝；當海外的慈濟家人要回來，窗口會使用公版表格，寄電子郵件給陳志輝，他再將資料匯整起來，製成勤務表。

且與過去不同，陳志輝是以LINE通訊軟體傳送排班表，再以電話告知桃園靜思堂輪值組隊，安排交通接送跟用餐。

為了掌握工作、化繁為簡，陳志輝會事先將一整年的行事曆寄給志工，標列每年固定的營隊，如實業家生活營、十一月、十二月海外志工受證，以及八、九月慈大或慈中的畢業旅行、海外交流……，提前讓組隊知道，也讓合作的交通運輸公司有所準備。

剛接這份工作時，陳志輝常想：「哇！怎麼又來了，怎麼又來了？怎麼越來越多？怎麼做都做不完！怎麼那麼累！」一段時間後就轉念了，想到上人開示：「一個菩薩都不能少，這些海外的菩薩，都是要來臺灣取經的菩薩，我們不用出國，就可以跟這些海外菩薩結好緣，我們一定要做到『一個菩薩都不能少』。」

但是人多要接送陪伴，人少也同樣要安排，不免有抱怨聲音出現。陳志輝理解志工為什麼會抱怨，因為一年一、兩萬人，平均每天都有勤務，還要接收訊息、製作表格、派班、確認住宿、安排接送的車輛……事情無比繁雜。有時晚上睡覺他都會突然驚醒，想到某件事是否安排妥當？有無疏漏？

像海外家人要趕飛機、火車，清晨三、四點就要出發，或是晚上十一點要到機場接機，若遊覽車沒訂到或有臨時狀況，就會趕不上，所以壓力很大。但又想到對方也許一輩子只來臺灣一次，還是一定要做到位，他會回應志工：「如果有一天你的兒子、女兒去到國外，你希不希望有人去接送和陪伴他？」志工就能同理這種被接待的感受與溫度。

透過這工作，陳志輝認識了慈濟全球相關會務的同仁，也與桃園十六個和氣的組隊長熟識；當全球的家人來到桃園時，還能當面與他們結下一份好緣。「能做就是福」，所以陳志輝常常掛在嘴邊的一句話便是：「福氣來了不要推走，要有歡喜心收下來；因為是有福氣的人，才有機會做這麼多！」

和楊慶鐘一樣，陳志輝凡事來不推、去不追，傳承下來的做事精神是一樣認真。相比過去的接機排班表，現今表單下多出了許多備註，看到令人莞爾一笑；畢竟慈濟志業遍全球，無法直接與每位填單人員說明清楚，以書面溝通時，簡單明瞭的備註是最親切的叮嚀。（詳見書末附錄二、三）

志工在桃園國際機場大廳列隊迎接海外家人返臺，參加 2010 年全球四合一幹部精進研習會。（攝影／蕭嘉明）

不論來的是大團、小團，或是人多、人少，桃園團隊最希望的還是接機接待能順利圓滿，因為「一個都不能少」，每一位都是重要的貴賓與家人。

1 遠行地為學佛必經的「菩薩十地」之一，「地」是基礎的意思，有歡喜地、離垢地、發光地、焰慧地等十個基礎階段，遠行地為第七地，說明內心清靜，「即境不染心」，因此可以長遠而堅定地朝目標前行的階段。資料來源：《心靈十境》，一九九九年，釋證嚴著。

2 慈濟青少年組織或慈濟青少年的簡稱，泛指由國中生和高中生組成、年齡介於十三到十八歲的慈濟團體或個人。資料來源：慈濟全球資訊網。

3 慈濟志工服，藍色上衣如「藍天」，白色長褲似「白雲」。這套制服利於行動，是慈濟志工最常穿著的工作服，志工們會穿著這套制服穿梭大街小巷進行社會福利工作，或出現在國內外各災難現場。資料來源：慈濟全球資訊網。

衣住行育樂

第一章 食

最靠近機場的自家餐廳

大園機場共修處

桃園大園機場共修處是海外慈濟家人返臺第一站，如何滿足每一位海外慈濟家人最基本的生活需求，讓他們安住身心，是機場共修處志工的使命。而羅清元為報母恩，發願用心在香積，照顧好每一位慈濟人的腸胃與健康。

機場的美食街，總會有不同類型的餐廳提供旅客選擇；但對於長途飛行回鄉的遊子來說，比起眾多的料理選擇，他們更需要家的味道。因此，經營大園機場共修處的羅清元、鄭秀珠夫妻，將海外志工視為家人般款待，讓他們來到機場共修處，就有回到家的感覺。

海外志工抵達後，最想做的事，常常是沖澡、和吃一碗熱騰騰的粥或麵。所以，每每提供素食「擔仔麵」，總是大獲好評，那是在機場美食街吃不到的美味。因此海外志工回臺，機場共修處便成為大家入境、出境時吃飯的首選。

當年開始接待工作後，「幾乎是天天都在接、送客人，任何團體都在機場共修處安單，當時還沒有桃園靜思堂。那個時候的香積，最勇！所以我一直想著怎麼把香積做好……」，豪邁的羅清元娓娓道來當年機場共修處的香積起源。

但其實他並不是一直都茹素。

「吃素，以前我很外行，我媽媽一輩子都吃素，但我很討厭吃素，我媽媽是怎樣往生的……。」即使過了那麼久，回憶起這段往事，羅清元仍然難以釋懷。

羅清元的媽媽一生節儉，一輩子吃素到七十六歲往生。羅清元在長庚醫院當醫生的外甥說，他媽媽是因為身體鈉離子太高、鈣離子太低，造成營養不良，沒辦法醫治。

羅清元聽了很不捨，心想：「我才剛開始賺錢，還沒來得及孝敬母親，母親就往生。」他每次談到母親就會哭，也因此討厭吃素。但加入慈濟須吃素，羅清元只得研究素食、改善素食，希望別重蹈母親覆轍。他希望讓海外慈濟家人回到機場共修處吃飯，都能吃得好又吃得飽。

以高標準款待嘉賓

羅清元便帶著香積志工，到臺北找素食餐廳吃飯，品嚐後作筆記。任務是一個人鑽研一道素食料理，回來後每一位志工輪流煮，一人煮一天，一人一道菜。他記得，第一次是到臺北春天素食餐廳用餐，那裡是歐式自助餐廳，志工就依樣設計自助餐，連帶甜點、水果，做了十多道菜，讓大家吃到飽足。

其中志工最拿手的有：白菜滷、三杯猴頭菇、豆腐腦、還有大補湯，不好吃的不會拿出來，一定要讓人有賓至如歸的感受。志工也很會擺盤，羅清元記得，當初志工擺的水果盤，還曾因為太漂亮，人醫會的醫師們不捨得吃，一直拍照留念。而且志工的家裡種什麼菜，就煮什麼菜上桌，因此可以時常變換菜色。

共修處的每道菜，志工都以「靜思語」來命名，譬如「一念心」是把方型豆乾中間壓出心形，一塊豆乾就分成實心和空心，兩塊都有心形。另外還有琉璃同心圓、福田一方邀天下善士、心蓮萬蕊、把握當下、愛繞著地球跑……多道菜，而且每一道菜都有其涵義和典故。當中最受歡迎的菜，還是配什麼都好吃的三杯猴頭菇。

黃金蛋及玉米濃湯，也是共修處餐食的特色佳肴。煮玉米濃湯時，志工會精心配置一些材料，增加口感及美觀，再搭配精緻的酥皮濃湯碗，碗面上烤香酥脆的酥麵皮，完全就是西餐廳等級的美味料理。

共修處的香積團隊，過去也曾受邀上過由譚艾珍主持的「現代心素派」節目，並在節目中播出一句「冬瓜、西瓜、南瓜、北瓜，機場共修處頂呱呱」的口號。羅清元說，這樣宣傳是希望全球各地的貴賓都能來到機場共修處參觀，讓共修處共熱鬧，也能被看見，才能帶動共修處的基層接待工作。

不過，羅清元和鄭秀珠對於餐點的要求很高，過去曾參與機場共修處的志工張月里也不免埋怨：「他們的要求實在太高了，但是覺得他們這樣也是為了培養我們啊，我們還是要努力地學習。」

想想，如果沒有他們帶著志工，到臺北知名的餐廳四處去看人家怎麼擺盤、怎麼裝飾、怎麼出場，志工也不會有現在的成績，可以拿出這麼多的美食，招待海外歸來的家人。心念一轉，張月里也更能理解羅清元和鄭秀珠的用心了。

最懷念的家鄉味

早期機場共修處只有三位香積志工，為了盡地主之誼，讓多年旅居海外的慈濟家人吃到道地的臺灣小吃，一解鄉愁，香積志工開始學作素丸、水煎包、素粽、地瓜包、竹筍包、還有雞蛋糕等等。

製作的餐點增加，對於人手的需求也增加，因此前來幫忙的志工，曾經多達三、四十人，餐點也深受海外慈濟家人喜愛，更大大地鼓舞了香積志工。不過，其中最能抓住人心的美味，還是首推擔仔麵。

歷經千里跋涉的海外慈濟家人，回到機場共修處時，常常會說：「我

擔仔麵是臺灣志工常會端出來的招牌菜，各地作法不盡相同，因此成為海外志工最思念的美食。圖：2015 年桃園靜思堂新年新春活動。（攝影／康和村）

什麼都不想吃，只想吃一碗熱騰騰的麵。」多麼簡單的一句話，但裡面卻隱藏著對家鄉多深的思念。

尤其機場共修處提供的擔仔麵並不簡單，因為是素食的擔仔麵，「我們還會放甘蔗、素蝦子。有時還放茶鵝，那是印尼志工最喜歡的」，鄭秀珠回憶著。甘蔗則是為了當大骨熬湯，讓湯頭更鮮甜，也會因應不同國家的口味，擺上他們喜歡的素料。

有一次，美國的海外慈濟家人回來，他們年紀都很大了，當看到那一碗麵，眼淚就簌簌地掉了下來。他們說：「好久沒有嚐到臺灣的麵食了。」當下內心十分悸動，還感性地合唱了一首〈望春風〉。

不畏大場面　團隊默契十足

機場共修處接待過人數最多的一次，是有四、五百個人來用餐的榮譽董事聯誼會，「樓上樓下都是榮董聯誼，哇！那真的是盛況空前！」羅清元回想，共修處還曾幫師兄、師姊辦過盛大的婚禮。

「我負責介紹和招待我們的客人，所有客人都會找我。」鄭秀珠說，他們就像仲介人一樣，會下達指令，告訴志工要做哪些菜，並且招待客人。幸好志工團隊平常就聚在一起，就算很多團的客人齊來，大家的分工也都很清楚，不至於手忙腳亂。

「所以說我們辦活動就是靠一個默契，跟他們說就知道要煮什麼，大家都心裡有數。」因此平常要接待時，彼此也不須長時間的開會討論，要準備什麼菜，大家心裡都有底。

大園機場共修處的香積團隊，堪稱是桃園冠軍隊，而桃園靜思堂的香積作法，也傳承自機場共修處。當桃園靜思堂啟用後，接送機任務也回歸桃園合心組隊運作，機場共修處便完成了它的階段性任務。

卸下接機接待工作後，機場共修處難免有些不捨，但羅清元說：「做事是一件幸福的事情，也有很大的收獲！我們做起來都是戰戰兢兢，把它當作自己的事情去做。因為我是共修處的主人，用這樣的信念來經營，每次完成一項任務，那種法喜充滿，是無法形容的！」

當初懊悔母親的往生，讓羅清元充滿無法及時行孝的遺憾，進而讓他用心在香積上。這些年的承擔讓他了解到，慈濟是一個正信的宗教團體，法門萬萬種，秉著跟隨證嚴上人學習的心，如規如矩一件一件自我修正行為。他形容：「透過實際去做，我發現慈濟真的不是那麼簡單的；從上人身上學到的，都是我自己賺到的。」

機場共修處負責接機接待工作，約計七、八年，一個月總有二、三十萬元的香積費用。最初是因為夫妻倆不想接引回來的海外志工餓肚子，卻也因此落實香積工作，培育了很多資深香積志工，並為後續的桃園靜思堂香積團隊奠定了極為良好的基礎。

海地外交部大使及國會眾議員來臺參訪，抵達大園機場共修處，志工準備中式早餐，讓團員補充體力。後方站立者左起為羅清元、鄭秀珠、楊慶鐘（左四）。（攝影／黃秝淇）

照顧不同國度家人的胃

桃園靜思堂

「民以食爲天」，良好的飲食不只滿足味蕾，也能補充體力；對於在外奔波的旅客而言，更是如此。且看一群平日只須管顧自己家人的胃的婆婆媽媽們，面對來自不同國度的旅客時，如何發揮「食輪轉，法輪轉」的飲食妙用。

有道是「有朋自遠方來，不亦樂乎？」能迎來海外慈濟人回到桃園靜思堂，令桃園志工格外歡喜，因為他們不只是賓客，更是一家人。自二〇〇六年桃園靜思堂啟用、就負責安排餐食和日常照護的生活香積窗口的志工邱佩宜，更總是想著要如何準備菜餚，才能讓海外家人吃得歡喜。

初期大家沒有接待海外慈濟家人的經驗，如何作出符合他們口味的飲食，對邱佩宜來說是個考驗。「他們喜歡吃酸的、辣的」，幸好有多年接機接待經驗的志工楊慶鐘，事先告訴她每個國家飲食的屬性，邱佩宜就會和團隊一起努力，嘗試作出他們喜愛的菜色。

從摸索中　累積經驗

雖然楊慶鐘會事先提醒海外慈濟家人飲食的特色，但有時候，「知道」和「會做」還是有些差距。

有時海外慈濟家人很客氣，口頭上說很好吃，但桌上菜餚卻剩很多，細心的邱佩宜當下就明白：「可能不合他們的口味」，或是楊慶鐘會反映：「今天

香積志工平時就在廚房忙進忙出，為來到靜思堂參觀、參加活動或課程的人提供餐食。圖：2018 年桃園靜思堂舉辦冬令發放暨圍爐活動，讓平日關懷的弱勢家庭同桌圍爐。（攝影／謝佳成）

酸、辣得不夠道地。」

遇到這種情況，邱佩宜就會找機會和他們聊天：「是不是不太合乎你們的口味？」或問帶隊的領隊：「你們那邊都喜歡吃什麼啊？」從互動中去了解他們的飲食習慣，作為下次改進的依據。

從摸索中調整的過程雖然辛苦，但她說，「看到盤子空空的，就是我最開心的事！」此時邱佩宜才如釋重負、笑逐顏開；這正是香積團隊最歡喜的時刻。

不過，餐食的安排有時也會誤打誤撞，獲得意外的效果。有一次接待墨西哥志工，因前一天白飯剩很多，邱佩宜就想到用炒飯當早餐；沒想到炒飯被一掃而空，大家吃得很高興，還說：「你們怎麼知道我們早餐喜歡吃炒飯？」

接待外賓的餐飲，一定要保持靈活、有彈性，例如一般都是安排桌菜，但也會有提供自助餐的特殊情況。邱佩宜回憶這幾年接近中秋節時，全球有上百位人醫會成員來臺參加國際慈濟人醫會[1]年會[2]。由於成員來自世界各地，各有各的飲食文化，因此團隊討論後決定提供自助餐，讓他們能夠自在地選擇個人習慣的飲食，同時也解決了班機到達時間不一、難以統一備餐的問題。

累積了十四年的經驗，邱佩宜做得歡喜，也收穫良多；二〇二〇年她退居幕後，仍用心陪伴新任窗口陳彩雲。除了從邱佩宜身上學到不少寶貴經驗，陳彩雲自己也從摸索中學習，並累積許多經驗。

「印尼他們一早就要喝冰的」，猶記得第一次接待來自印尼的志工，當天早上陳彩雲準備了一桶熱開水和熱豆漿；但他們對熱騰騰的飲品不習慣，就來要求冰水。有了這次經驗後，隔天她不僅提供冰水，更準備了冰塊。

其實無論以哪一種方式接待海外歸來的家人，香積團隊的用心，都是相同的。

2013 年海外培訓委員慈誠精神研習會，來自南非、莫三比克、賴索托、辛巴威、斯里蘭卡等地的慈濟志工，享用香積志工準備的桌菜，並利用難得的機會彼此交流。（攝影／謝佳成）

白粥配細鹽　誠意呷水甜

有時準備的餐食並非山珍海味，但志工的誠意，反而更讓賓客感動。

二〇一六年慈濟五十周年時，十二位馬來西亞志工來臺參加慶祝活動。那天傍晚，大家都到齋堂用餐了，但有幾位馬來西亞志工，如如不動地坐著。

志工江瓊安疑惑地催促：「師姊，我們一起下去用餐吧。」「我們要健檢。」她們回覆，健檢前有許多食物不能吃，得食用符合健檢需求的餐點，通稱為「健檢餐」。

「健檢餐」是什麼？正當江瓊安納悶之際，她想到齋堂有麵線，但麵線已拌了油，不適合健檢前食用。經過眾人腦力激盪，有位志工突然興奮地說：「我想起來了，白稀飯加鹽巴就好了。」

雖然大家各忙各的工作，仍趕緊為她們煮粥。送上清粥後，江瓊安不好意思地說：「師姊，很抱歉！讓你們吃得這麼簡單。」但其中一位用完餐後卻感動地說：「師姊，這是我吃過最好吃的食物！」這句話讓江瓊安感到不可思議：

「怎麼可能？我們又沒特別準備什麼……。」

沒想到特地熬煮的熱騰騰清粥配鹽，讓飢腸轆轆的馬來西亞志工感覺如珍饈佳餚，不僅暖她們的胃，也溫暖了她們的心。這讓江瓊安體悟到臺語俗諺說的：「誠意呷水甜」，當誠意十足時，即使只是喝白開水，也覺得甘甜無比！

誠意動人者，還有志工梁亞蘭。當她遇到在靜思堂安單的法親家人要早起趕飛機，有時會準備比較特別的菜色，讓他們吃得開心。「法親家人回來這幾天，早上大都是簡易的包子、饅頭，等蒸好再帶走，要吃的時候已經涼了。所以我想要改變一下。」

梁亞蘭決定換個口味，作蔬果沙拉三明治，再準備「紫米芒果」——黑糯米煮熟，淋上芒果丁和椰奶。一道「紫米芒果」當飯後小點心，美觀又好吃，大家反應都很好。

為了讓海外家人感受到家鄉味和親切感，「我請我家外傭教我自製印尼式的花生辣醬，去掉蒜頭等食材後，淋在高麗菜上面，酸酸、甜甜、辣辣的，很下飯」，果然讓他們驚喜連連，胃口大開。看似簡單的東南亞口味，都是梁亞蘭的誠心款待。

拿鍋鏟的手　成就人生事

一路走來，香積志工們在不知不覺中，似乎也練就了十八般武藝。

曾經擔任中路和氣[3]香積幹事的蘇明珠，因輪值桃園靜思堂的香積勤務，常接觸海外慈濟家人，經年累月下，已經對於各國特殊的飲食習慣瞭若指掌。

勇於接受不同飲食文化挑戰的她，細數著手機記事本上的紀錄——緬甸：早餐炒飯；印尼：愛辣及炸物酸甜、咖哩；美國：大補湯、豆腐腦、鳳梨酥；南非、印度：咖哩、拉茶；越南：咖哩加薑；馬來西亞：佛跳牆、沾辣椒醬、蘿蔔弄、炸物；墨西哥：主食披薩、焗烤、咖哩、辣椒醬、酸、檸檬切片……。

2013 年中國大陸華北、華東志工來臺參與尋根精進營，恰逢端午節，香積志工為學員準備粽子及豐盛的餐點。（攝影／江昆璘）

蘇明珠記得，某天下午接到訊息：「有十幾位墨西哥慈濟家人要來用晚餐」。二十年前曾到過墨西哥旅遊，她對當地的飲食文化印象深刻，為了要作出符合他們嗜酸辣口味的素食，上網查詢後，她發現作法大同小異。最後，她選擇準備墨西哥總匯披薩，和具有臺灣特色的佛跳牆。

「墨西哥披薩重酸，所以在調番茄醬時特別加了檸檬汁，同時準備檸檬薄片，讓他們配著飯吃，披薩也多加了鳳梨和小番茄，提供嚐鮮。」為了迎合他們對「生辣椒」的特殊偏好，她還特別以志工栽種的辣椒煮成辣椒沾醬。

「他們說好吃、好吃！要跟我們拍照，還很熱情地拉著我們的手一起唱歌跳舞。」晚餐後，墨西哥志工的熱情回饋，著實令蘇明珠嚇了一跳，但也證明了事前做足功課的用心，沒有白費。

「每次美國慈濟人回來，都會指定要鳳梨酥和大補湯」，平時都有備購朋友種的鳳梨，她將酸酸、甜甜的鳳梨慢火熬煮七個小時，再攪拌十個小時。這樣熬煮出來的鳳梨酥餡料，酸度恰到好處；而鳳梨酥麵皮的調製，則是以椰子油、煉乳，取代傳統用奶粉、酥油調配，如此自製的鳳梨酥，絕對好吃又健康。

蘇明珠認真鑽研素食料理，十多年來累積許多寶貴的經驗，雖然二〇一九年底卸下香積幹事一職，依舊在香積領域勤耕耘。她有個心願，要將多年來研習的佳餚，彙整成一本食譜——《中路菜根飄香》。蘇明珠謙虛地說，「食譜不會很困難，內容都已簡單化，他們才容易學，只是留下足跡給以後中路香積的徒子徒孫啦，也算是自己經驗的傳承。」

許多桃園志工因用心投入香積，從家庭主婦變身為大廚，生命因付出益顯光彩，因付出而與眾多海外慈濟家人結善緣，無形中也提升自己的視野和胸襟，更成為桃園接機團隊最有力的後盾。

1 國際慈濟人醫會（Tzu Chi International Medical Association，簡稱TIMA）於一九九六年成立，為國際性義診組織，由全球各地之醫事人員與慈濟志工組成，定期關懷照顧偏鄉貧病，發生國際重大災難，也會配合慈濟賑災行動進行義診醫療援助，足跡遍及全球五十多個國家地區。資料來源：國際慈濟人醫會全球資訊網。

2 一九九六年中秋節，菲律賓呂秀泉醫師帶著醫療團隊回花蓮靜思精舍，與證嚴上人共度中秋；自此延續「中秋的約定」，全球人醫會成員於每年中秋節回臺團聚。二〇〇〇年起，國際慈濟人醫會年會亦在中秋前後舉辦，成為國際級醫療盛會。資料來源：國際慈濟人醫會全球資訊網。

3 中路，桃園地名，也是桃園志工的其中一個和氣區。

回饋篇

回家的日子

文／中國大陸慈濟志工　楊瑩

常說事過境遷，但有的事、有的人卻似一部紀錄片，時時重播於心。一眨眼一年又過去，話說每逢佳節倍思親，這時總是想念師父上人，同時也回顧自己走入慈濟的經歷。

從第一站慈濟南京會所開啟，遇見的所有法親家人們用愛陪伴和鼓勵，送了一程又一程，直到把我陪伴至花蓮靜思堂受證，成為一名慈濟委員。心路的風光，是人生路上一道亮麗的風景，每當想到全球有無數志同道合的家人一起行在法華，內心便蕩漾起無數美好的漣漪。

最近又看到桃園靜思堂的家人們一起唱著〈拉車向前行〉[1]的視頻，一下子百感交集，激動的淚水又湧了出來。

楊瑩（左三）為深入了解慈濟精神，每月都到雲南慈濟聯絡處培訓，也特地來臺尋根。2016 年她在志工余輝、楊一民及吳淑梅陪同下，到內湖大愛感恩科技參訪，見證環保精質化。（攝影／曹書豪）

二〇一八年夏天開始，我因為參加營隊第一次到桃園靜思堂，接著陸續幾次又有因緣回去。每一次我都是傍晚抵臺，但總有家人迎接；隨即而來的，若以我們大理家鄉話來說，就是「冷嘴湊熱飯」。桃園的家人總是熱情滿滿，為我們做好一桌子香噴噴飯菜；紅燒苦瓜這道菜，就是我向桃園香積菩薩學來的。

在楊慶鐘師兄的鼓勵下，我也用環保站惜福回收的行李箱，帶回了五十支竹筒[2]。那時我告訴師兄，每送出一支竹筒，就意味著多個慧命增長；真正有願就有力，這一箱子竹筒之後都有了主人。

在桃園靜思堂的時光，和家人陪伴中，我獲得內心的寧靜，那是學習慈悲智慧後的一份力量，以及與其他生命的共鳴。受益於這些年來一直緊跟上人，堅定走在慈濟路上，讓我在任何環境中都不會彷徨與迷茫，能夠更加篤定前行。

寫於二〇二一年元宵

1 〈拉車向前行〉為慈濟歌選。慈濟慈善志業剛開始建立時，證嚴上人自喻為小牛，自在地吃草、喝水；開始籌建醫院時，就如小牛要開始耕耘工作，必須負重前行。而〈拉車向前行〉記錄了慈濟志業受社會肯定之際，承擔的使命也越來越重，但因為有很多人一起努力，才能繼續負重前行的故事。資料來源：慈濟傳播人文志業基金會大愛行網站。

2 一九六六年「佛教克難慈濟功德會」成立，證嚴上人將竹子砍下作成存錢筒，發給三十位婦女信眾，鼓勵她們每日省下五毛菜錢，投入竹筒作為濟貧基金。雖然五毛錢不多，但日日行善也能滴水成河。資料來源：慈濟全球資訊網。

回饋篇

「人醫菲揚」桃園啓航

文／創始領隊　楊仁宏教授

二〇一三年在證嚴上人的慈示與期許下，慈濟大學醫學院菲律賓國際志工服務隊「人醫菲揚」正式成立，當時擔任醫學院院長的我承擔了總領隊的工作；隨行者還有多位慈誠懿德師兄姊、國際慈濟人醫會的醫師，慈濟大學的多位師長及學士後中醫學系主任林宜信亦陪伴在側。

從那年七月開始，「人醫菲揚」國際志工服務隊每年出隊前，都會在桃園靜思堂進行為期三天的密集訓練。集訓內容包括排練手語演藝、學習慈濟人文禮儀和團體帶動技巧；學習慈誠懿德師兄姊及菲律賓志工分享的經驗、菲國問候語、活動設計與彩排等。

集訓期間，楊慶鐘師伯與其他桃園師兄、師姊總熱切關懷，並協助我們統籌

2013 年第一屆「人醫菲揚」集訓，菲律賓籍的志工蔡昇倫與學生分享。（攝影／林宗興）

與安排，以及香積師兄、師姊提供愛心餐飲，讓「人醫菲揚」團隊帶著慈濟家人滿滿的祝福踏上旅程，心中充滿著無限感恩。

透過這次服務，同學們參與義診、學習團隊合作，也在實際的體驗中看見貧苦、看見典範，重新省思與認識生命的價值，更見證慈濟志工從花蓮、到桃園、到菲律賓，一路走來，隨處可見志工菩薩們付出無所求地為他人服務。

志工及師長們的身教、言教，在同學們的心中烙印下深刻的記憶，無形中也撒播了愛的種子。在如此耳濡目染之下，期待這群年輕學子將來也能夠身體力行，成為優秀的醫療專業人員。

第二章 衣

食住行育樂

救援的黃金時刻

賑災物資之協力清關

在國際間看到不認識的人正身陷災區、飢寒交迫，您會怎麼想？將心比心，抑或事不關己？在慈濟則是啓動國際賑災。在賑災物資搬運中，臨時號召是關鍵；志工動作迅速，來自於平日的經驗累積。他們付出的不僅愛心，還有誠心祝福。

菲律賓中部萊特省（Leyte Province）獨魯萬市（Tacloban City），從海岸一路延伸到內陸一公里內，所有房舍全數遭毀，乍看就像是剛被海嘯席捲過一樣。那是造成二〇一三年全球傷亡最嚴重的海燕颱風，在菲律賓當地有超過六千人往生，亟需發放救災，因此慈濟啟動國際賑災。

協助搬運的桃園志工鄭文章，一接獲訊息，就緊急放下手邊工作，並知會就近的慈濟志工來協助。

天下是一家　將心比心

十二月十日這天下午，五十多位志工冒著寒冷天氣，趕到位於機場附近的華儲公司協助搬運。

「嗶嗶──嗶嗶──」，大型貨櫃車來到華儲倉儲公司，車頭隨即一轉，慢慢倒車開進倉儲碼頭。隨著倒車聲逼近，志工們下意識地要揮舞雙手指揮。

「本來是要海運，但因災區那邊急著要用毛毯，所以臨時改為空運。」國際賑災常出現臨時變化球，毛毯在送出的前一刻突生變卦，鄭文章早已司空見慣。五個貨櫃，三千多箱的毛毯，需要很多人來幫忙，鄭文章也叮嚀大家搬運時要注意安全。

「扣！」貨櫃門應聲打開，映入眼簾的是一箱箱愛心毛毯[1]，整齊疊滿整個貨櫃。幾位身手矯捷的志工跳上車，動作迅速地把毛毯接力傳給下面的志工。

由於菲律賓此刻正在下雨，一箱箱毛毯從貨櫃卸下、貼標籤，然後再整齊堆放到托盤車上；而托盤車上還得預先鋪上兩層透明的大塑膠袋，除方便打包外，也防雨水淋濕。

熟悉搬運作業的華儲管制長賴傳香也是慈濟志工，接到鄭文章的通知後，立即來到現場。除了示範如何搬運更有效率，他也叮嚀當毛毯堆放到第三層時，就要改為交叉堆放方式，這樣箱子才不易被壓扁。

搬運時，鄭文章不禁想到，前一天慈濟基金會邀約他加入賑災團到菲律賓賑災，腦海立刻浮現災區一片狼藉、房屋倒塌、建築物被摧毀等畫面，隨即答應。此刻望著眼前一箱箱的毛毯，他心中感到無比欣慰，「再過幾天，這些毛毯就會抵達菲律賓，到時候就可以親手交給災民了！」

福禍未可知　及時付出

海外賑災物資發放，包括醫療器材、毛毯、環保碗、香積飯、五穀粉等淨斯[2]產品。累積多年搬運經驗的鄭文章，恰好住在機場附近，每次接到臨時救災訊息，他都會立即放下工作，至倉儲公司協助賑災物資接送；十多年來，至少已有二、三十次。

但公布訊息召集人力，有時就有師兄抱怨：「怎麼每次都那麼臨時？」他則安撫說：「沒辦法，災難都是臨時發生！」因此，平時寬以待人、做事又以身作則的他，只要一號召，多數師兄都很樂意來幫忙，有些人甚至特地請假。

其實過去慈濟也曾多次援助菲律賓。二〇〇九年九月，輕度颱風凱莎娜登陸菲律賓，引發當地六十年來最嚴重的水災，連首都馬尼拉的災況也十分慘重。當時，鄭文章雖在前一晚九點多才接到通知，但他二話不說，緊急連絡就近的志工；隔天一早，二十多位慈濟志工已齊聚永儲倉儲公司。

平時搬運前，他也會帶領大家虔誠祈禱，期待物資安全又快速地送到災民手中，也感恩臺灣平安。

也曾聽到有人質疑，「為何救災不是救臺灣？」其實，當災民遭逢天災肆虐、陷入苦境，慈濟是平等待眾生、拔苦予樂。從另一個角度想，相反地我們更要慶幸臺灣風調雨順、人民豐衣足食，因而「富」有餘力可以助人。

一九九九年八月，土耳其發生大地震，臺灣派中華民國搜救總隊前往救援。

慈濟志工運送萬條毛毯至桃園機場，準備交由航空運送至澳洲昆士蘭省。圖：毛毯箱堆疊完成，志工張榮松準備拿帆布及繩索，固定車上的毛毯箱。（攝影／徐脩忠）

當搜救總隊返臺時，鄭文章與楊慶鐘等多位志工代表慈濟至機場迎接，送上花圈和祝福卡，由衷表達感恩。

但無常不分你我。事隔一個月，臺灣發生九二一大地震，土耳其救難隊也來臺提供協助。這一份「一方有難，十方馳援」的愛，讓鄭文章無法忘懷，也從此更懂見苦知福。

慈濟的國際賑災，自一九九一年援助孟加拉水患揭開序幕，迄今已援助九十七個國家地區，其中也包含向來有「人間天堂」之稱的澳洲。二〇一一年，澳洲東北部的昆士蘭省面臨世紀洪水侵襲，基於國際人道救助，慈濟基金會亦發送毛毯、家庭醫藥包馳援賑災。

收到緊急訊息的鄭文章與楊慶鐘，一月四日中午一點半左右，與志工合力將兩千五百件毛毯裝滿四輛貨車，送到永儲公司，希望能快速將全球慈濟人的愛心送達。許多位師兄都是吃飯吃到一半就趕過來配合搬運，長榮航空也被感動而自願支持，免費載運到澳洲布里斯本，提供給受難的災民。

賑災獻心力　分秒是歷史

為賑災奉獻心力，賴傳香也是休假日一接到訊息，就會立刻換上藍天白雲，趕至華儲公司；若是上班接到訊息，他就會到現場協助搬運物資；見志工人力不足，也會邀請員工或業者一起來參與。

賴傳香永遠記得，二〇〇八年中國大陸四川發生汶川大地震，當年臺灣的救災物資

志工接力搬運將送往四川汶川大地震賑災的物資。（攝影／江淑芬）

來自很多單位，其中慈濟是最大宗；中華航空還特別派一架貨物專機，將大家的愛心物資送過去。當時華儲本身人力不足，他還打電話給鄭文章，請求協助。

因為他很清楚，大家不只是搬運，也是來做「歷史」。

按照公司上飛機的作業程序，慈濟志工一到就先做堆疊、打盤等前置作業，後續再由賴傳香帶著華儲員工處理最後的作業。其中最令他感動的是，有一位業者跟他讚歎地說：「你們慈濟真的很偉大，搬運每一件物資都很尊重，搬運動作也非常快速。」

業者接著還對他說：「搬運三千件、重量達一萬兩千公斤的物資，志工卻只要半個鐘頭就堆疊好了，這一份愛的力量真的驚人。」

回收再利用　無用為大用

匯聚眾人愛心的「愛心毛毯」，從二〇〇七年第一批賑災環保毛毯送到菲律賓賑災，迄二〇二〇年為止，已送出超過一百一十七萬條毛毯，至四十多個國家地區，溫暖了許許多多災民的身心。

住家離機場近的志工蔡日三，也是協助賑災物資搬運的常客，有時甚至邀約組內的環保志工[3]一起來搬運賑災物資。

有一次，他和志工們揮汗搬完了一整車的毛毯。在等待另一車毛毯送來空運倉儲的空檔，蔡日三一邊拿著毛巾擦拭汗水，一邊和環保志工互動聊天。

蔡日三稱讚環保志工平日的精進，且心念單純，他們可能沒聯想到寶特瓶與毛毯的關聯性，但經過他告知這個過程的意義——撿拾寶特瓶可以製成毛毯到海外去賑災，環保志工們顯得格外歡喜。他們感覺，雖因年紀偏長、無法親自前往災區賑災，但透過做環保，等同也挹注了自己的一份愛心。

愛心不落人後的徐福壽，協助搬運賑災物資已超過十個年頭。除了五、六年前因鼻咽癌治療中斷了半年，以及前年脊椎手術休息了半個月，其他的日子，只要接到通知，七十一歲的他，二話不說開著車就往倉儲區報到。不論寒風呼呼吹、或酷暑汗流浹背，總能看見徐福壽的身影穿梭其中。

「搬運時要特別謹慎，不要把箱子碰壞了。」為人謙卑、話不多的徐福壽，平常也常參與接機的勤務。他表示，接待「物」和接待人不一樣，「物」雖然無聲，但想到這是要送到災民手上，心中就起了一份恭敬心，也會特別小心，避免碰撞外箱包裝，才能將物資完好地送到需要的人手上。

「誠心祈求天下無災，人皆平安遠離苦難……。」集眾人力量，搬運前，大家總不忘在倉儲空曠的碼頭前祈禱，祈禱聲響徹雲霄，衷心為遠方受難的災民獻上最誠摯的祝福。

印尼蘇拉威西島於 2018 年 9 月發生芮氏規模 7.4 地震，引發海嘯、山崩，造成上千人死傷，數萬人無家可歸。志工集結賑災物資，準備空運送往印尼援助，並於搬運後一起虔誠祈禱天下無災。（攝影／陳玉萍）

1 大愛感恩科技製作的賑災環保毛毯。是將寶特瓶經過處理後，製成毛毯，提供賑災用。除了環保，它也具有快易乾、不易髒，及相較一般毛毯更輕便的特性，讓賑災更為方便，也溫暖了無數災民。資料來源：慈濟全球資訊網。

2 指淨斯人間志業公司所製作的產品。淨斯主要製作環保材質之生活用品，以及用有機農耕種植的植物製成食品。以清淨的心產出無染的物，旨在愛護滋養生命的大環境。資料來源：靜思人文志業官網。

3 主要做環保的慈濟志工。一九九〇年證嚴上人在吳尊賢文教公益講座上提出「用鼓掌的雙手做環保」，號召大家撿垃圾、掃街道、做資源回收，為地球環境付出。許多人受感動後，便加入做回收和惜福愛物的行列，成為環保志工。資料來源：慈濟全球資訊網。

巧思化長情　緣結五大洲

巧藝坊的愛心惜福禮

一般人出國總愛購買紀念品，譬如到法國巴黎會想到艾菲爾鐵塔的吊飾，到日本會想到有祝福意義的御守，到臺灣則會想到舉世聞名的鳳梨酥。但從海外回來的慈濟人最想帶走的紀念品，居然是巧藝坊純手工製作的「人文伴手禮」。

踏進桃園靜思堂三樓的巧藝教室，一進門自右映入眼簾的，是掛滿各式手提袋及背包的牆面，底下有手機袋、錢包、餐袋及筷袋；桌面上則是各式串珠、吊飾、鑰匙圈……琳瑯滿目，令人愛不釋手。最裡處的兩位志工正在車縫未完成品，縫紉機發出的噠噠聲，不絕於耳。

八十歲的志工羅寶玉坐在桌前，專心致志，利用回收的打包帶製作柿子形狀的「柿柿如意」吊飾。在疫情未發生前，她每天約可製作一、兩百個吊飾，供前來靜思堂的大眾及海外慈濟家人結緣。

羅寶玉說：「我什麼都不會，透過編織吊飾來跟會眾結緣，感到很歡喜！」製作吊飾需要用力將打包帶縮緊，長久下來即使是年輕人也受不了，但她帶著一顆歡喜心樂在當下，即使做到手臂發炎，仍樂此不疲，捨不得停手。

「這裡基本上每天都會有六、七位志工來，而且大家都是隨傳隨到。」負責巧藝坊將近八年的志工曾美珠娓娓道來：「我們是國際機場的門面，從桃園國際機場出來，海外慈濟家人回到臺灣，第一站

因應2020年新冠疫情，桃園靜思堂巧藝坊志工齊心於車縫室製作布口罩及口罩外套，跟大眾結緣。（攝影／李昭田）

就是桃園靜思堂。不管他們回來或是回去，都會帶伴手禮。我再把他們的愛心捐給國際賑災。近年幾乎每年都有一百萬元的愛心交換。」

曾美珠總是告訴他們：「把你們滿滿的愛留在桃園，回饋給國際賑災。」大家聽了，更是無比歡喜。

大約在二〇〇六年底成立的巧藝坊，在二〇二〇年之前每次舉辦大型的海外志工精進營，就會贈送每人一個繡有桃子及福慧兩字的鞋袋。曾美珠說起製作鞋袋的意義：「桃子代表桃園，福慧二字則是祝福每位菩薩都能福慧雙修。」且海外家人常常一次有數百人回臺，巧藝團隊平日就需要多作一些備著。

體貼遊子心　一解思鄉情

二〇二〇年全球疫情嚴峻，海外家人無法回臺，於是曾美珠開啟跨區訂購服務，只要海外家人有需要，透過電話連絡即可，運費部分則由巧藝坊負擔。

此外，之前負責桃園靜思堂香積時，因為感念海外家人的思鄉情懷，曾美珠時常率領志工製作有臺灣味的素食滷味如香菇、花生、蘿蔔乾、XO醬等，讓他們當伴手禮帶回家，在海外也能一嚐道地的家鄉味。現今曾美珠雖為巧藝坊窗口，但只要海外家人有需要，她從不推辭。

在印尼長駐深耕的志工林建良及賴貞月夫妻，為了幫印尼習經院[1]的學生準備食材，透過志工楊慶鐘認識了曾美珠，舉凡在臺灣的食材採購，便有賴她的全力協助。

曾美珠嘴角上揚、言語熱切地說：「只要他們有需求，而我們能夠助他一臂之力，我都持續在做。像他每一年回來都會採購很多、很多的香積食品回去印尼，我就會幫忙張羅。」他們會將收到的食材作成可口的素食，提供習經院的學生，並透過LINE與曾美珠分享喜悅。

這些年來每天跟著團隊付出，讓曾美珠感到生活格外踏實，人生不空過；而且雖然自己人在臺灣，還是可以藉此跟全球各地的人結好緣，「即使沒辦法到世界各地去賑災，但是海外家人回來，我就會把握因緣，不管任何一個國家的慈濟人，我都抱著歡喜心接待。」

有時候接到海外家人的需求已經很晚，但不論是半夜十一、二點，甚至是凌晨，只要接到電話，曾美珠二話不說、馬上趕到巧藝坊待命，風雨無阻。因為海外家人要搭乘第二天一大早三、四點的班機回國，所以她無論如何都不想錯過這難得的機緣。

臉上浮現出爽朗的笑容，曾美珠開心地說：「所以我非常珍惜跟每位海外家人結緣的好機會，包括我們團隊都一樣，只要一接到電話，隨傳隨到、非常地歡喜！」

二手回收物　禮輕情意深

其實，除了巧藝坊的愛心伴手禮之外，日常的環保回收物，也因為志工的愛心加值，變得意義非凡！

記得有一年，南非志工潘明水曾帶領四位被證嚴上人稱為「黑珍珠」

2020年新冠疫情爆發，巧藝坊志工製作布口罩及口罩外套跟大眾結緣，把醫療口罩留給醫護人員。圖：巧藝志工羅寶玉。（攝影／李昭田）

的非洲本土志工來到臺灣。當行程結束要回國時，眼尖的楊慶鐘發現，她們托運的行李都是最大件的三十公斤裝，且一人兩件。原來這四位志工來臺時，都先行將空旅行箱塞在另一個旅行箱裡面，返國時才得以利用這個空旅行箱，裝滿得來不易的慈濟相關書籍、物品等「法寶」，熱切地想帶回國與家鄉志工分享。

楊慶鐘發現這個狀況後，貼心地告訴她們，下次回來只須帶一個旅行箱即可，剩下的一個，由臺灣這邊提供。

之所以會想到這點子，是楊慶鐘偶然間發現環保站裡有一些外觀良好、但型式已過時的二手旅行箱。正在思索如何延續物命時，正好海外家人有需要，於是他福至心靈地創造出雙贏結局。

後來只要海外家人有需要，楊慶鐘便會從倉庫將二手旅行箱取出奉送，並為每人準備可以隨身攜帶的公務包。在他記憶中，曾經達到一次需要三十五個的最高紀錄。

對於這一點，負責「恰恰好惜福站」[2]的志工游春娘，對於環保站發揮的功能特別有感受：「因為『恰恰好惜福站』離桃園靜思堂滿近的，海外慈濟人回來時常常有特別的需求。像是從東南亞那些很熱的國家來到臺灣的人，冬天很冷時就需要添加衣服，這時惜福站就可以應急。」

為了因應海外志工常有的需求，所以平時有人送物資來時，恰恰好惜福站的志工們總會特別留意，把一些適用的二手物資收藏下來，以備海外家人的不時之需。

通常藍色的衣服、外套及旅行箱等，是最大宗的需求。因為海外慈濟人來臺時，都會趁機購入一些對他們來說很珍貴、但國外請購不易的靜思人文產品。這時，他們就很需要一些空的行李箱；若再購買新的，除了是一筆額外的花費，也未必方便。因此惜福站只要收到旅行箱，會先檢查是否可用，若是藍色或黑色的更佳，就會事先收集擺放在倉庫，等海外慈濟人有需要時，可隨時取用。

送機添愛心　新筆贈貧童

總是見微知著的楊慶鐘，又在另一次不經意的一瞥，看見遠從賴索托回來的當地志工謝帖蔻，臨回國前夕，她正蹲在桃園靜思堂大廳一隅，整理裝滿整箱行李的鉛筆等文具。

在好奇心的驅使下，他詢問後大吃一驚，因為資源相對不豐，原來居住在賴索托的小朋友極缺鉛筆，使用的鉛筆縱使已經短到不行，也都還在寫，捨不得丟棄。

當下，楊慶鐘腦中突然浮現慈濟人到中國大陸偏鄉學校訪視，看到求學中的貧困學生，握著短到不能再短的「一公分鉛筆」[3]努力寫字求學的故事，一時間悲從中來，便思索著該如何做才能提供協助。就在他的號召之下，饒富愛心的鉛筆、橡皮擦、各種文具用品等，像是找到自己生命意義般，不斷從四面八方湧入。

游春娘回憶起當時募集的情形，非常不捨地說：「在臺灣，很新的鉛筆也會被丟出來，我看到滿心疼的！在惜福站會購買鉛筆的人真的不多，可能生活太富裕了，沒有那種需求。當我們知道南非的菩薩需要，大家都好開心。」

惜福站幫忙蒐集的文具用品，有的是由屏東、雲林的志工募集而來，有的是響應此善舉的企業捐輸。在楊慶鐘一呼百應之下，這些文具用品透過海外慈濟家人的旅行箱穿梭飛行，將志工的愛帶到偏遠的國度，讓需要的小朋友也能獲益。這都是因接待海外慈濟家人、額外獲得的美好回憶。

柿柿如意吊飾，代表著祝福；繡著「桃子」及「福慧」二字的鞋袋，象徵福慧雙修；二手旅行箱，裝滿靜思人文的法寶；二手衣物，溫暖了慈濟家人的身軀；化小用為大用的鉛筆文具等，也乘著愛的翅膀，飛到非洲重現生命。

桃園靜思堂的「巧藝坊」及「恰恰好惜福站」，在海外家人駐點停留的短暫時刻中，因著志工們的細膩心思與貼心關懷，在在都能感受到如同親人般的對待，讓這個愛的中繼站，成為每個人生命中難以磨滅的記憶。

有「柿柿（事事）如意」寓意的小柿子吊飾。（攝影／鄭阿典）

由巧藝坊製作縫有桃子和福慧二字的鞋袋，作為給海外慈濟志工的結緣品。（攝影／李茗秉）

1 印尼茂物縣（Bogor）巴隆區（Parung）的阿爾阿斯利亞．奴魯亞．伊曼（Al-Ashriyyah Nurul Iman）習經院，於一九九八年創建，免費為貧苦人家的孩子或孤兒提供膳食、住宿與教育。二〇〇三年，慈濟開始為習經院提供食物、義診和援建校舍等。資料來源：慈濟數位典藏資源網。

2 多年前，志工游春娘將志工蕭麗華提供的住屋裝修為「中正惜福站」，專門將環保站還能使用的回收物品清洗乾淨後，提供有需要的人自由選取。後來因裝修使用的回收門窗，恰恰好都相符，延續物命的精神也讓人敬佩，且裝修後的大門恰恰好開在兩個電線桿中間，宛如張開歡迎的雙臂，因此改名「恰恰好惜福站」。資料來源：慈濟數位典藏資源網。

3 二〇〇六年上海慈濟志工造訪甘肅東鄉縣，遇見只用一枝一公分不到的鉛筆芯在寫功課的女孩馬小梅，後來，慈濟志工便藉此故事教導孩子們惜物之精神。資料來源：慈濟全球社區網、《慈濟月刊》四八四期。

回饋篇

世間最暖的溫情接送

文／菲律賓慈濟志工　楊逸萍

每次回花蓮要和證嚴上人團聚時，心情總是難以言喻地興奮。當散居全球的慈濟人如候鳥般，一批批飛回心靈故鄉，最忙碌的就屬守候在桃園的師兄姊們，他們承擔起各地慈濟人來臺灣的接送任務。

如今慈濟人的足跡遍布全球，長途飛行而來的慈濟人，有些甚至要轉幾趟飛機，方能抵達臺灣。

每一天都有要回來看望上人的弟子，特別是一些節假日。例如國際慈濟人醫會回花蓮，與上人一起度過花好月圓的中秋團圓節、全球慈濟人回花蓮和上人一起歡度喜慶的春節，以及每年全球慈濟人回臺受證為慈濟委員等，這些大節日可是把桃園家人們忙到一次次地往返機場。一下飛機，在接機處已見到親切的桃園

2018 年楊逸萍（持麥者）回臺參加海外培訓委員慈誠精神研習會，於溫馨座談分享自己和幾位夥伴相識十多年，時常相邀參加培訓，共同精進。（攝影／邱百豐）

師兄、師姊拿著牌子等候，要領著我們坐上大巴，直奔目的地。

奔馳中的大巴，窗外閃過的是如畫般的寶島美麗景色；窗內是歡聲笑語，人人沉醉在要見到上人的喜悅中。

桃園師兄姊們貼心地捧上新鮮的水果及點心，親切勤懇地一個個發給我們。印象最深的是他們常帶來的芭樂，又鮮、又甜、又脆，美味可口。我們在熱帶島國，根本無法品嚐到這麼香甜的芭樂！

還有桃園靜思堂的「巧藝坊」，有獨一無二讓人愛不釋手的精品，特別是經過妙手巧工縫製的包包，讓剛從海外歸來的家人在這第一站，就已收獲滿滿了。

現在只要想到桃園，師兄、師姊的親切笑臉就浮現眼前。「世間最好的東西，是笑容；世間最暖的慈善，是笑容；世間最強的力量，是笑容；世間最美的語言，是笑容！」

桃園師兄師姊們，您們親切的笑容，讓菲律賓的家人甜在心裡、念念不忘！

第三章 住

就是要你好睡

寮房安單的接待

不是五星級飯店，卻有「五心級」的招待。沒有高級沙發和床、更沒有獨立房間和獨立衛浴，睡的是大通鋪，一年卻吸引數千人次、甚至上萬人投宿。桃園靜思堂的寮房，究竟有何魅力呢？

踏進桃園靜思堂，映入眼簾的是一大片樸實無華的木質地板，帶給人厚實溫潤的感覺；路過的民眾進來這兒禮佛，社區好鄰居可以在附設的社教中心進修，社區志工也在此進行各項活動。除此之外，這裡也是全球慈濟人的「驛站」。

「驛站」原本是古代專供政府文書傳遞者或來往官吏短暫住宿、補給、換馬的場所，而佛教語彙則稱住宿為「安單」，所居住的房間稱為「寮房」。桃園靜思堂的四樓至六樓即為寮房，能容納兩百多人安單。

慈濟志工遍布世界各地，但花蓮靜思精舍一直是全球慈濟人共同依歸之處，在二〇二〇年新冠肺炎（COVID-19）疫情爆發之前，舉凡從海外來到臺灣，前往花蓮尋根或參與研習營，抑或從臺灣要飛往世界各地的志工，前一天都會在鄰近桃園國際機場的桃園靜思堂安單。

合心齊力　喜迎嘉賓

每當有海外慈濟家人要來桃園靜思堂安單，負責整理寮房的志工就得做好寮房清潔工作，以及準備盥洗用品，如洗髮精、沐浴乳等。

「就怕他們忘了帶！」參與寮房整理工作的資深志工邱佩宜這麼說，還會貼心多準備好幾份毛巾、牙膏、牙刷、甚至女性生理用品，以應不時之需。因靜思堂離周邊的便利商店有點距離，海外家人回來時常是在午夜或凌晨時分，若無盥洗用具，會很不方便。

2014年國際慈濟人醫會年會，提前抵臺的海外學員將在桃園靜思堂安單，桃園志工為學員替換洗淨的棉被套、枕頭套及床單套，並放上結緣品，迎接海外家人歸來。（攝影／施月嬌）

清潔過後的寮房，木質地板一塵不染，還透出溫潤的光澤；挨著櫃子前，則整齊地放置一床床折得有稜有角的棉被。

「早期還會在棉被上擺放靜思語卡的結緣品，後期我們則是擺放繡有桃子的鞋袋。」繡上桃子的鞋袋，除了讓家人們記得曾入住「桃仔園」的靜思堂外，當參加營隊時，也是隨時用得到、實用的貼身物品。邱佩宜表示，這些結緣品，都讓前來安單者感到格外溫馨。

尤其是那些繡有桃子的鞋袋，是巧藝教室的窗口曾美珠，帶領巧藝志工縫製的結緣品，經志工巧手摺成美美的小袋狀，放在寮房的棉被上，展現人文之際，也與海外家人廣結善緣，讓邱佩宜十分讚嘆。

迎接海外家人安單前，還要準備許多棉被，事前工作自然少不了，例如曬棉被。「但靜思堂沒有規畫曬棉被的空間，於是大家集思廣益，利用靜思堂三樓的空地，鋪上塑膠帆布，進行曬棉被。」

邱佩宜說，每年全球精進營隊[1]、中秋節的全球人醫會年會、以及歲末海外慈濟人回來受證等大型活動，預估每梯次有數百位家人回來住，所以自二〇一六年開始籌畫，聯合多區的志工齊曬被。

陽光加持 天然的最好

說起曬棉被，身材高挑、做事專注認真的中正和氣組長程燕菁，回憶起二〇一七年仲夏的某個早晨、第一次聯合曬棉被的有趣往事。

那天，一群志工齊力將六樓倉庫的一百多套棉被、枕頭，以人龍方式接力疊上推車，再由六樓電梯運送到三樓，推出三樓電梯，志工將滿載著棉被的推車，小心翼翼地繞過講經堂旁邊的走道，推到銅門外空地上；此時，另一組人早已將塑膠帆布鋪好在空地上，並用旗桿底座的重物，將帆布四個角固定好，當棉被運來時，志工迅速接手傳遞並整齊排列。

「鋪平在地上的棉被，像士兵準備出操般，前後左右對齊排列著，接受陽光熱情的閱兵。」此時棉被、枕頭在程燕菁眼中，都生龍活虎地活躍了起來。

壯觀地排列於此的棉被、枕頭們，在享受日光浴的同時，與艷陽下不時拉起衣袖擦拭臉上汗水、伴著陣陣歡笑聲的志工們，形成一幅「曬被趣」的動人畫面，那是一種屬於家的幸福感。

要接待營隊或活動大團體前，桃園志工都必須開行前說明，針對需要注意的細節多加說明。圖：2019 年全球人文真善美精進研習，隊輔組示範標準棉被折法。（攝影／楊淑惠）

講起那景象，程燕菁不自覺微笑著說：「自己家裡的棉被，整年也沒曬過一次，但我們為迎接全球歸來的家人住宿，準備手工日曬香香的棉被。」

下午二點，做足了日光浴的棉被，再由另一批志工頂著太陽，及時將曬得酥暖的棉被收好放進倉庫，等待長途搭機歸來的家人，入住時能嗅到那天然的棉被香，一夜好眠。

細心應變　貼心設想

當海外慈濟人來到桃園靜思堂安單，對於寮房的空間可能感到陌生，甚或半夜有些特殊狀況卻無人協助，因此特別安排有志工陪伴安單，如同家人隨時在身邊而感到安心。

「嗚——嗚——嗚——」刺耳的警報聲急促地響起，劃破寧靜的夜。

「半夜睡夢中驚醒，一群人披頭散髮地從靜思堂的寮房往下衝……」志工謝瑞月回憶多年前，陪伴海外家人安單時，暗夜的一場虛驚。那時，她緊急疏散安單者下樓，其他志工則沿著冒煙處尋找火源，連「119」都出動了，所幸後來發現只是電燈泡燒掉。當時緊張的情景，再次一幕幕映入謝瑞月的腦海。

回想著一路陪伴安單的情形，也有許多趣事令人回味。

有次中國大陸團中有一位志工，因水土不服拉肚子，所以沒有用晚餐。到了晚上九點多，謝瑞月心想：「他一定很餓。」特地熬了一小鍋稀飯，加上少許鹽巴，端去寮房給這位志工充飢。

隔天早上，這位志工好些了，向大家分享昨晚手捧著那碗稀飯的感動。沒想到因為一鍋粥，竟然讓一個大男生掉眼淚，令謝瑞月印象非常深刻。

謝瑞月還記得，有一次兩位人醫會的醫生從花蓮到桃園靜思堂，準備去機場搭飛機。其中一位突然發現行李未隨行，於是她趕緊聯絡花蓮靜思精舍，詢問行李下落。

那一端，精舍師父即刻提著行李，趕往花蓮機場搭機送行李到臺北松山機場；這一頭，謝瑞月則請師兄開車載她到松山機場，取回行李。幸好最後有及時趕上，讓醫生順利搭到班機，一顆忐忑的心終於放下。

雖然陪伴安單會遇到很多狀況，還有想像不到的各種意外，令人不知如何是好，但一次又一次地完成任務，都在謝瑞月心版上烙下美好的印記。

箍住歸親　五心相待

二〇一四年，伊波拉疫情導致很多海外志工無法返臺受證；待疫情穩定、可以通行時，十二月十六日，兩百多位馬來西亞志工為圓受證之願，臨時包機成行，這是桃園靜思堂第一次承擔舉辦大型營隊。當時所有寮房都住滿，工作人員只能就著教室安寢，隊輔為方便協助組員，則於寮房門外休憩。

當活動進入到最後一夜，「隊輔媽媽、隊輔媽媽……」十位組員，團團圍住隊輔張羅月娥，大家彼此擁抱。不管寮房多擠，組員們也硬要將張羅月娥拉進寮房擠在一起。這一晚的相聚雖是離情依依，卻也備感溫馨，讓她難以忘懷。組員們拿出提袋，每個人都將自己行李中從馬來西亞帶來的零食，一股腦兒地投入其中，要送給隊輔媽媽，感謝她一連五天的陪伴與照顧。

張羅月娥與這些馬來西亞志工感情這麼好，不是沒有原因的，因為她們共同經歷了五天的奔波。

第一晚抵達桃園靜思堂時已經很晚，隔天一早六點要搭遊覽車到高雄，讓行腳至高雄靜思堂的證嚴上人授證，當晚返回桃園已是十一點多了。第三天一早，又要搭火車回花蓮靜思精舍巡禮，晚上再返桃園靜思堂安單。第四天，參訪大愛臺、內湖環保站與臺北慈濟醫院後，仍返回桃園靜思堂，準備第五天的圓緣[2]，讓這五天的營隊圓滿結束。

張羅月娥深覺自己的使命，就是要讓每位靜思弟子回到心靈故鄉尋根時，只要專心求法，不用為吃、住而操心，這是桃園在地法親為遠道而來的慈濟家人們盡心的安排，讓他們能身、心放鬆，感受「回家」的自在。

2017年全球人文真善美精進研習，接待營隊經驗豐富的楊慶鐘（右）分配指揮，安排各樓層的行李運送，讓百多件行李順利送至各學員安單的寮房。（攝影／洪瑞仁）

雖然住的不是五星級飯店，但桃園慈濟志工秉持誠心、愛心、耐心、貼心及凡事用心，以「五心級」款待海外家人，即便睡的是大通鋪，大夥兒甘之如飴，備感溫馨，因為大家都是一家人！

1 每年全球志工幹部都會定期來臺參訪、互相學習，是動輒百人的大型營隊，也是接機接待志工歷年來的重要任務；二〇二一年因受疫情影響，營隊改為線上研習。資料來源：慈善新聞網。

2 圓緣，通常用於活動結束的儀式或活動名稱。代表雖然這個活動結束了，但希望參與者的緣分不會結束，能像圓圈一樣沒有終點，往返回復。

人醫會　天使心

醫護不分晝夜的照顧

海外家人回臺時，人醫會會率先動員，作足醫務營隊的萬全準備。不管是值班守護或隨車救護，當海外志工身體疲勞或不適，他們總在第一時間給予膚慰。人醫如大地和風般的關懷，是海外志工最安心的後援力量。

每年年初二回娘家，志工邱麗華護理師的媽媽，總號召姊妹繳交慈濟功德款，邱麗華因此種下了十年的善因緣。二〇〇二年邱麗華的先生往生，當時她四十四歲，獨自帶著三個孩子，直到二〇〇四年經同事接引進入慈濟，投入了人醫會。接著在二〇〇六年邱麗華參加見習與培訓，並於二〇〇八年受證。

在參與人醫會多年的經驗中，令邱麗華印象最深刻的一次是，三臺遊覽車載著海外慈濟家人，前往高雄接受證嚴上人授證，人醫會如常準備隨身救護的藥品、器材。那一次剛好準備了氧氣瓶，途中遊覽車在三義休息站停歇，一位師姊因為聞到大量汽油味，突然氣喘發作。此時氧氣瓶派上用場，幸運地及時舒緩了她的症狀。

投入人醫會至今十七年，邱麗華說：「無論是海外志工接機，或是香積、福田、告別式助念等勤務，只要時間允許，我就是把握因緣做利益眾生的事。走入慈濟對我來說，看到更多無常與病痛，也療癒了當時先生離開時、給予我的這門功課。」

支持家人精進　使無後顧之憂

五十歲那年，志工柯素真護理師加入了人醫會，那是二〇〇六年慈濟四十周年慶，正好也是桃園靜思堂成立的時間。

那時柯素真白天工作至晚上八點才下班，若接到海外營隊勤務，下班後就到靜思堂營隊裡值夜班，用心照料海外慈濟家人至隔天早上八點。當下那一念心，只想著奉獻自己的專業技能，她說：「對的事，做就對了！」

有次柯素真遇到一位中國大陸的師姊來臺受證，但是搭機前一天發生車禍，整個背連著臀部一直到腳都擦傷。到了桃園靜思堂，因傷口面積過大，人醫會黃崇智醫師建議她到臺北慈濟醫院住院治療，但師姊一心堅持完成所有受證進度，不想因受傷而中斷學習，故每天忍痛到人醫會換藥兩次。

還有一位從中國大陸前來、要到花蓮受證的師姊，當時罹患帶狀泡疹，背、胸、腿都出現疹子與水泡，但她仍然堅持每天早上與下午到醫療站換藥，也很珍惜這次回來上課的機會。

海外志工來臺精進的心、對人醫團隊的信任、和那份愛上人的心，人醫會志工們看在眼裡，有深深的不捨與滿滿的感動，讓醫護們發願，要更用心照顧慈濟家人。

安全地來臺　健康地回返

柯素真記得有一晚，海外志工回國前先來到桃園靜思堂安單，等候隔天的早班飛機。其中一位師姊的血壓收縮壓高達一百八十，指數居高不下；和她一起接任晚班人醫勤務的黃崇智，先開了降血壓藥給師姊。

凌晨兩點，寮房的其他志工都睡著了，柯素真帶著血壓計悄悄地去寮房幫她量血壓，這時收縮壓已降到一百六十。凌晨四點，她不放心又再去量一次，心想著一定要照顧好這位師姊，若是出狀況就麻煩了。

雖然犧牲了自己的睡眠，但為海外家人服務，是人醫會成員責無旁貸的職責。海外慈濟家人安全地來臺，「我們也應該讓他們安全地回家」，是人醫會成員一致的想法。

黃崇智也曾經遇到幾次突發的狀況，必須緊急應變。有一次在花蓮靜思堂開設海外營隊醫護站，那一年上呼吸道受到感染的人特別多，每天約七、八十人，最高紀錄一天有一百一十二個人到醫護站就診。病人爆增，多到一直需要請護理師去慈濟醫院申請醫藥用品。

常常早上五點多，他們就接到海外志工有身體不適狀況，需要處理；到了晚上十點多，黃崇智與賴金盛醫師結束了一整天的勤務，倆人終於可以放慢腳步喘口氣。沒想到，走在返程休息的途中，他們又接到寮房那邊有狀況，倆人馬上回頭，快步奔向海外志工身邊。

人醫會成員的心理，總希望每一位海外志工的身體，能在人醫會的用心照顧下，盡快恢復體力。守護營隊志工的健康，就是人醫會最大的任務。

醫藥有價　愛心付出無價

還有一位來自非洲莫三比克、歷經多次轉機抵臺的師姊，經志工接機，來到桃園靜思堂安單。桃園志工見她一副很痛苦的樣子，經過翻譯才得知原來是牙痛，志工趕緊打電話給黃崇智，送醫求治。

「牙痛得那麼厲害，不趕快處理不行呀！」於是在翻譯的陪同下，他們很快地來到了黃崇智的診所插隊醫治，才發現原來師姊門牙已經蛀了一個洞，而且缺了一角，造成急性發炎，果真是痛到要人命！在人醫會的愛心治療與陪伴下，讓這位海外志工感受到一趟安心又溫暖的受證旅程。

某次在花蓮的受證營隊中，蒙古來的八十四歲師兄和八十二歲師姊，兩人咳嗽感冒已一個月了，但因當地醫療資源不便，便藉著來臺灣的機會，趕緊就醫領藥。

許多海外志工都會把握這因緣，傳遞善知識。像是他們常會問黃崇智：「這藥需要多少錢啊？」黃崇智剛開始都說：「不用錢！」後來他想了想又說：

「這藥很貴、很貴的！要用您的一生來付出！」讓海外志工從原本不適的身體與苦澀的面容當中，打從心裡漸漸暖了起來。

黃崇智的用心，就是希望海外志工能體會到他的愛心，將來再把同樣的愛，帶回家鄉轉給其他需要的人。

慈濟人醫會承擔起守護來臺慈濟家人平安健康的責任，希望他們在臺灣的每一天都能安全無虞，並且順利返鄉。雖然黃崇智說他只是盡自己的力量，為慈濟家人們服務，但每次海外慈濟家人回來，他不僅常常跟自己的患者請假，把握因緣付出，更不因年長而退休。

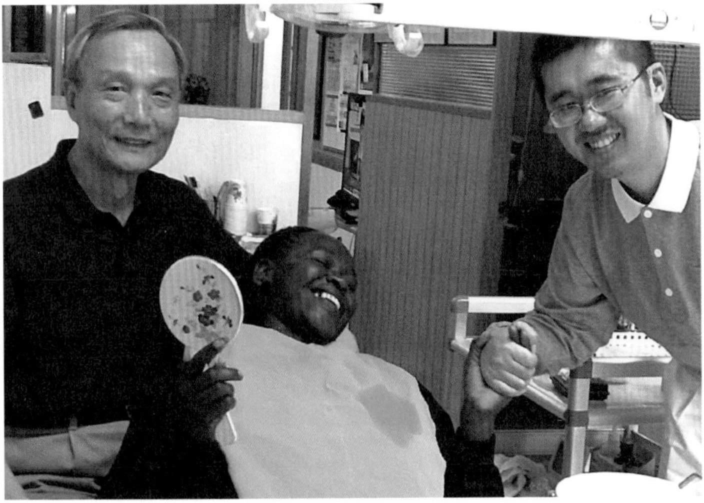

參與人醫會義診多年的黃崇智醫師，幫來自莫三比克的海外志工解決了牙痛的問題。（圖片提供／黃崇智）

有次遇到一位海外回來、自稱營隊同團裡年紀最大的六十六歲志工，來到醫護站，黃崇智打趣對她說：「老妹，沒關係，讓七十二歲的我來服務妳，等一下還有一位七十六歲的賴醫師。」這番話，讓醫護站裡登時充滿了歡樂的笑聲。

醫護貼心　呵護一夜好眠

人醫會的醫護志工，除了照顧因生病需要治療或吃藥的海外志工，有時也會遇到醫藥無法解決的狀況。

某年夏天，一位海外回來的師姊，對環境改變感到焦慮不安，無法入睡，因此跑去找醫護人員，希望藉著安眠藥助眠。但當時醫師不在，護理人員不能給予用藥，因此志工梁美志護理師想了幾個方法，教她靜心念佛，藉打坐安定身心。

對於海外的年長家人來說，人醫團隊除了照護他們身體的健康之外，甚至還是他們傾吐心聲的對象。

海外慈濟家人常常會想家，因此當他們看到總是笑臉迎人的梁美志，她

不管是海外來臺舉辦的營隊活動，或是各區域的活動或營隊，人醫會都會隨隊照顧參與的民眾和志工。圖：桃園社區歲末祝福，人醫會護理師梁美志（右）為會眾量血壓。（攝影／鄭阿典）

所散發出來的溫暖，化解不少他們的思鄉情緒。有些志工會在營隊課後休息時，跑到醫護站，向人醫團隊聊聊對家、對人、對事的掛念、抑或團隊因年齡差距而產生的壓力等。在與人醫團隊聊完後，他們便能安心回寮房，讓入眠前的身心回到自在安適。

面對海外慈濟家人回臺，儘管不知道會面臨何種突發狀況，人醫團隊總是憑藉著專業的醫護技能及溫柔態度，讓海外慈濟家人平平安安地來，也平平安安地帶著快樂的學習、滿滿的收穫回去。

回饋篇

讓我放心交託女兒

文／美國慈濟北加州分會副執行長　陳寶如

二〇一九年除夕夜，我們全家回花蓮靜思精舍過年後，準備回馬來西亞看生病的岳母。抵達桃園機場櫃檯時，工作人員告知，女兒心慈的護照有效期限剩不到半年，所以不能入境馬來西亞。但那一次因岳母的病每況愈下，很迫切地需要我們趕過去。

那時，心慈突然說：「沒關係，我可以回師公的家，你們回去看婆婆。」但飛機即便延後到凌晨，若送心慈來回花蓮也趕不上。

瞬間，腦海浮現楊慶鐘師兄曾經跟我和黃漢魁師兄（美國總會前執行長）說過的話：「有任何需要，千萬不要客氣！」即使是從火車站到機場的短程，他都不允許我們叫計程車，一定要通知他安排接送。當時聽了真的好感動！尤其對於很多海外的慈濟人來說，人生地不熟，有桃園師兄姊如此貼心作後盾，此番心意著實令人印象深刻。

想起了師兄這番話，和對師兄的信任，我決定放心把寶貝女兒留下來。楊慶鐘師兄和溫素蕊師姊抵達機場後，帶著我們一家人回桃園的家——桃園靜思堂，還享用了美味的擔仔麵。之後我便對擔仔麵有著特別的情感，至今無法忘懷。

那兩天我回到馬來西亞，專心地陪伴岳父、岳母；岳母看到我們回來特別開心，之後逐漸恢復健康。而小女兒心慈當晚跟著慶鐘師兄和素蕊師姊回到他們的住家，得到非常好的照顧，隔日也安全地回到精舍。證嚴上人還問了心慈：「唉！妳怎麼又回來了？」一旁的德宸師父才解釋緣由，讓上人安心。

從馬來西亞再回臺灣時，德宸師父已託清修士靜涵師姊帶心慈北上，請慶鐘師兄和素蕊師姊帶著女兒到機場接我們。這一趟，宛如愛的接力賽，只因那一份「信任與關愛」，讓我們無後顧之憂，但心中也有無數的歉意。

如果不是曾切身體驗這一段烏龍事件，實在很難想像慈濟「天下一大家庭」的感人事，彷彿比自己親人般更受到愛護。

從機場離開後，慶鐘師兄和素蕊師姊帶著我們參訪桃園的環保站，傍晚到另一位師姊家聚會。他們準備了豐盛的晚餐等著我們，離開前還幫我們打包很多可以帶回美國的醃漬年菜，到現在還有一些放在冰箱裡，不捨得吃。回憶那段甜蜜的溫情，至今仍令我們感動不已。

這段「桃園」際遇，讓我深刻感受到什麼才是「家」。而桃園的「家」，正是海外慈濟人飛機落地時第一個接觸的家，讓長途跋涉疲累的身軀，可以及時得到溫暖與膚慰；遇到困難時，也是我們第一個想到可以求助的法親家人。這份無所求的親情，是所有海外慈濟人，內心永遠、永遠的依靠。

回饋篇

愛的中轉站

文／中國大陸慈濟志工　薄欣

二〇一八年六月，我作為一名見習志工，跟隨大連家人參加了一直心嚮往之的「四合一幹部精進營」。那是我第一次踏上寶島臺灣，也是第一次以志工身份參加慈濟營隊，一切都那麼新奇，又有些懵懂。

走出桃園機場的那一刻，在熙攘的人群中，首先映入眼簾的，是身著藍天白雲、頭髮花白的師兄們以及身著八正道[1]、優雅端莊的師姊們，他們真誠自然地和每位家人招呼問候：「歡迎回家！」並熱情地接過行李，協助安排接駁車輛，彷彿我們是遠遊回家的親人。

看著這些年長的師兄姊忙前忙後，心中的溫暖和感動油然而生——我真的回家了！一個之前我從未抵達，而內心卻分明感覺從未離開的地方！

從機場坐大巴來到桃園靜思堂，儘管抵達的時間已晚，還是有那麼多師兄、師姊在靜思堂等候著我們，還為大家準備豐富的點心宵夜和水果。

海外家人們每次回來臺灣，都會先來這裡報到，加油充電，作好修整，再回到證嚴上人的身邊。這裡如同愛的中轉站，海外家人們許多關於臺灣、關於靜思堂的第一份美好體驗和回憶，都從這裡開啟。

營隊結束後，我們即將返回大連，又回到了必經之地桃園。這次志工們穿著美麗的民族服飾，載歌載舞地歡迎我們。儘管已經進入返程的倒數計時，但是沒有片刻空閒，桃園家人把每一秒鐘的陪伴都安排得無比圓滿，溫馨難忘。

往大連的飛機是最後一班，我們目送各個地區的家人們一波波離開。送走大家之後，楊慶鐘師兄和溫素蕊師姊跟我們溫馨座談，從對勇猛心的鼓勵，到對挫折心的勉勵，每一句話都深深烙印在我們的心坎裡。

這一刻，回家的感覺達到了極致——只有走過這一程，才明白為什麼曾經回臺的家人，都稱之為「心靈之旅」。離別讓我的心隱隱作痛，真的不想走！

原本是要「回家」的我們，怎麼生出了「離家」的不捨，淚水還強忍著在眼眶裡打轉。

是該離開的時候了，帶著滿滿的動力、願力和祝福，大家依依惜別。車子開動了，我的情緒終於失控，看著揮手送別的身影越來越小，桃園靜思堂越來越遠，想著這片土地不知何時能再回來，淚水瞬間噴湧而出。

桃園，已成為花蓮之外、第二個深深刻印在我心中和腦海的名字；這裡是通往精舍的加油站，也是大愛的中轉站。它常常在我夢中出現，也時時提醒我不忘初心，緊緊跟隨上人的腳步。我也期許自己是一顆飽滿的種子，承載一分美善的使命，在家鄉大連好好落地生根，滋養慧命，善護土地。

1 慈濟志工女眾的工作服之一。衣上有八顆釦子分別代表正語、正定、正見、正思惟、正精進、正命、正業與正念，蘊含佛教精神與慈濟人內涵，因此稱為八正道。作為工作服之外，八正道服裝也提醒志工待人處事要內化佛所教法，走在正道上。資料來源：慈濟全球資訊網。

回饋篇

無憂無慮回臺灣

文／印尼慈濟志工　李志雲

二〇一〇年四月，我第一次參加慈濟印尼分會巴淡島辦事處的實業家生活營。來到桃園機場，當時我什麼都不懂，發現有一群慈濟志工來接機，每個人都面帶笑容，很熱情地幫我們拿行李；後來我才知道他們是桃園菩薩。

感恩桃園家人對我們海外家人的接待與關愛，把我們照顧得無微不至，讓我們感受回家的溫暖與關愛。感恩楊慶鐘師兄與溫素蕊師姊的呵護和陪伴，尤其是接待組、交通組、香積組、生活組的菩薩們，為接待海外志工忙碌不已，用心籌備。

我們一出機場，無論是凌晨、早上、中午、下午、夜晚甚至半夜，都能看見笑臉迎人的師兄姊；要去機場時，也是無論凌晨、早上、中午、下午、晚上或半

在 2017 年全球四合一幹部精進研習會中，李志雲（持麥者）說明印尼巴淡島靜思堂將於年底完工，未來可舉辦更多活動。（攝影／陳坤富）

夜，師兄姊的車一定已在那裡等候著。即便半夜抵達，總有熱食招待；凌晨出門，必有早餐等候。

還有我們巴淡島的三位師姊——張麗蓉、何達鸞、葉美菱，她們每次去臺中學茶道，都會由桃園師兄姊接送，有時還會安單在桃園靜思堂。巴淡島慈濟志工回花蓮培訓，返回巴淡島前，有時也會安單在桃園靜思堂。很感謝桃園菩薩，總是給予我們無微不至的陪伴。

回臺灣真是無憂無慮，只須帶個身體就可。

印尼巴淡島全體志工想向桃園菩薩們誠摯說聲：「謝謝！」祝福大家，福慧雙修，感恩合十。

食衣住育樂

第四章 行

流暢接送　棒棒接強棒

大團接機的軟實力

大隊接力賽中，接棒的流暢度是勝負的關鍵，接棒者的助跑、交棒者的動作明確，來自平時訓練有素與長久默契；接機工作亦是，且桃園志工累積超過十五年的經驗，在接機過程中展現的不只是效率，還有難能可貴的溫情。

二〇一九年新冠疫情開始之前，桃園慈濟志工每週總會有幾天，必須去桃園國際機場接機。為了讓事事有人做、人人有機會，考量志工居住地理位置與動員方式，社區培養出大團體接機由中壢第三聯區志工擔任、小團體由桃園地區第一、第二聯區志工負責的默契。（詳見書末附錄一）

大團接機活動的需求，上半年以五月的全球環保營、六月的海外會務報告、七月海外教師身分的三合一教師聯誼營、年輕志工組成的海外慈青營為主，下半年則包括每年中秋時節回花蓮與證嚴上人共度中秋的國際人醫年會、十月海外四合一幹部營、每年歲末祝福海外培訓的慈誠委員、及來臺參加由證嚴上人主持的授證典禮……諸如此類。大團接機行程緊湊，總是從年初排到年末。

「鈴——鈴——鈴——」「我是大團接機負責人陳建華，已經聯絡處理好，請放心！」總是手機不離身的他，說起話來條理分明、邏輯清楚，依靠的是一本註記了密密麻麻、五顏六色接機資訊的筆記本。

在收到統籌安排接機和接待事宜的楊慶鐘的電話後，陳建華就需要擷取、彙整這些資訊，以安排志工到機場接機的時間表、聯繫遊覽車公司和規劃遊覽車路線及時刻表等等，並記錄在筆記本和電腦上。因此擁有這些資訊的筆記本，蔚為一部接機寶典。

陸地轉運細規劃　一一解決變化球

從一九九七年作為統籌交通安排至今，陳建華已練就一套規劃技能。而桃園靜思堂啟用後隔年二〇〇七年，他又多了大團接機安排的任務。直到現在，每當有密集的大團接機需求時，陳建華就會西裝筆挺地在現場指揮若定，讓一臺一臺遊覽車進出有序，也因為事前的準備、流暢的聯絡網，才能讓接機任務井然有序。

陳建華憶起，二〇一三年八月初的幹部精進研習營，馬來西亞志工來臺取經。當時接機工作分二梯次，第一梯次是八月三日、四日，第二梯次是八月六日到八日，總共出動二十五臺遊覽車。機場空中樞紐來來往往的班機，一班一班停入了停機坪，一群一群人出了關，此時接機志工按照航班表定時間，在入境大廳等候著。

人來人往的機場，一看到海外慈濟人排著整齊的隊伍入境，接機志工立刻熱情地揮手、打招呼、引導他們有次序地登上遊覽車。除了接電話，陳建華也會幫忙提行李上遊覽車。看著最後一梯遊覽車陸陸續續駛離、開往目的地——蘆洲靜思堂，陳建華拿起手機：「師兄，我們這邊有八臺遊覽車出發了喔！」汗流浹背、滿臉通紅的他，臉上浮現一抹圓滿完成任務的微笑。

接機轉運通常都很順利，但有一次變化球，令他印象深刻。那次志工在機場接南非志工，明明表定時間已經到了，抬頭看機場航班表抵達的電子告示牌卻不動，又聯絡不到海外慈濟家人，接機志工的心七上八下，不知如何是好。

還好時任慈濟南非執行長的潘明水提前回臺，一起在機場等候，他趕緊聯絡南非當地志工，才知道這架飛機起飛後發現有問題，迫降在南非附近一座小島的機場，隔天才會再起飛。像這種訊息，如果沒有可聯繫的人，接機志工是很難聯絡到海外當區的志工。

除此之外，轉運的遊覽車也曾有狀況。早期遊覽車的行李置放區規格大小不一，如果海外家人的行李多，這時又調派到行李置放區小的遊覽車，人坐定位後，行李就只能塞在走道上，下車沒巡視到，就會漏掉行李。

而遊覽車離開後，不是開回遊覽公司，而是開回司機住處，那就得大費周章地聯絡司機了。有一次司機住在楊梅──桃園最南端的鄉鎮，結果陳建華和住大溪的師兄兩人開車到司機的住所取行李，再送到位於桃園北端的桃園靜思堂，來回至少要兩個多小時。

因為和遊覽車公司亞通通運、桃園客運配合多年，遊覽車的調度和運作，大家都有默契。但剛開始陳建華和桃客接洽時默契不足，加上司機對路線不熟悉，在那網際網路還不發達，沒有導航系統的時代，為了讓任務順利，陳建華土法煉鋼，將Google地圖截圖後，用小畫家畫上路線，再印下來給司機，方便接送。

接待這些飄洋過海回來心靈故鄉的海外「家人」，陳建華總是心存感動與尊敬，因為他們可能一輩子來臺灣就這一趟，有些人甚至需克服一切困難，不惜千里之遙才能飛抵臺灣。「我們是多麼幸福！」而志工在機場拍拍手歡迎，就能和海外家人結一份緣。因此雖然在夏天穿西裝可能滿身大汗，搬運行李時也可能沾到污漬，陳建華仍會盛裝熱切迎接，代表對海外家人的重視與情誼。

運用巧思接機趣　真情流露家人情

熙來攘往的桃園航廈入境大廳等候區，

負責交通組的陳建華（手指前方者）向志工作勤務叮嚀。（攝影／施仲銘）

志工前往桃園國際機場接機，在出境大廳手持慈濟電子書呈現「歡迎慈濟家人回來」的字樣。（攝影／吳秀財）

有的人拿著花朵、有的人拿著名牌等候親友，唯獨一群穿著旗袍的師姊，各自拿著寫有「歡迎家人回家」的電子書，時不時觀望是否有身穿藍天白雲的志工出現。過去為了歡迎海外志工，桃園志工通常會用紅色布條來接機；但這次用來閱讀的電子書，搖身一變為接機的好幫手。這巧思來自中壢志工陳秀淵。

「歡迎家人回家！」當看到接機的對象走出海關，中壢接機窗口陳秀淵立即呼喊對方。海外家人聽到溫暖的歡迎聲，掩不住臉上的笑容，在朝思暮想後抵達臺灣的那一刻，看見穿著熟悉的深色筆挺西裝的師兄，和身穿深藍底滾紅邊旗袍的師姊，每人手持的電子書上一字一字併排，呈現「歡迎慈濟人回家」，感動得淚水在眼眶中打轉，無法抑制內心的激動。

「楊師兄參與國際賑災時，感受海外慈濟人充滿熱忱的接待，希望我們接機也要用（照顧）家人的心來款待。」志工洪月瑛打開記憶的匣子，也勾起陳秀淵的回憶：「靜思精舍蓋主堂的時候，有十八個海外團隊回來，我們作了荔枝水果籃，濃郁的香氣，吃起來很甜蜜，讓家人感受我們濃厚的人情味！」當時陳秀淵找了最好吃的糯米荔枝，一顆一顆用心堆疊成的荔枝水果籃。等海外志工坐上遊覽車後，再一一分送，代表著十足的誠意。

每次接機的團隊，都會準備不同的見面禮，有時是精美的吊飾，或是手作的小點心，海外家人拿到時臉上展露驚訝、喜悅的表情，令陳秀淵至今難忘。

用心接送軟實力　棒棒傳遞皆強棒

暑期及年終是兩個接機的高峰期，一天接送十幾團是常有的事。接機十多年，有著圓圓笑臉的志工江賢富，談及接機經驗如數家珍：「為了讓海外家人能快速找到我們，我製作了舉牌，上面有慈濟標誌、啟航地、航班時間，真的很好用！」當海外家人看到小白板，就能很快地找到接機志工，而接機志工也不會接錯或漏接。

接機過程中，往往可以學習很多。江賢富記得二〇一〇年，接了兩位馬來西亞志工，他們在路上問起臺灣有多少慈濟人、社區志工有多少位，把臺灣志工人口比例數和馬來西亞作了比較，又問及臺灣怎麼做慈濟。他笑著表示還好平日常參與勤務，才能如實應對，「海外志工都說來臺灣取經，其實他們的精進學習心，才是我們要學的。」

不過，為海外慈濟家人接機，轉眼間又要送他們搭機離境，江賢富和其他志工會在飛機起飛前一個小時到機場，陪著海外家人從遊覽車拿下行李，到航空公司櫃檯辦登機手續，再一起等候登機。

有一次，送機的志工和新加坡、馬來西亞家人在出海關前旁邊的空地，圍起來唱〈一家人〉，並送上祝福。海外家人便眼眶紅紅、依依不捨地互相揮手道別，直到看不見彼此。江賢富感恩能有機會參與這樣的勤務，當圓滿任務時，看到海外慈濟家人的笑容，就是他最開心的時刻。

莫忘當年初發心　彼此砥礪慈濟情

「未成佛前先結好人緣，因為接機而認識的一些海外家人，現在還保持聯絡呢！」樂於接機的志工邱秀鳳因為接機，認識了許多海外家人。

二〇一三年海外多國聯合董事會上，證嚴上人期待馬來西亞志工回去後，推動「百萬好菩薩」，希望達到一百萬會員的目標。之後馬來西亞慈濟人，就如火如荼地認真招募「百萬好菩薩」。

於是二〇一四年這群志工來到臺灣時，邱秀鳳便力邀慈濟雪隆分會的志工吳秀梅分享。別人上菜市場是買菜，吳

2009 年海外志工精進研習會暨志業巡禮，師姊在前往板橋慈濟志業園區的途中帶動團康。（攝影／林德旺）

秀梅則是去找尋「好心人」，募心的過程中，有感動也有需要忍辱的時候，她淡然處之，珍惜與人結好緣的幸福。

她說：「我在市場見人就募，不會害怕，也不會不好意思，就像上人說：『勇氣就像獅子的勇猛心』源源不絕，我是募他們的一份愛，不到一年的時間，市場百分之九十八的攤商都是我的會員囉！」吳秀梅話一說完，車上掌聲不斷，邱秀鳳聽了好感動，眼淚也快奪眶而出，好像又看到早期認真勸募的自己。

邱秀鳳也曾參加中國大陸甘肅賑災發放，認識了當地的志工，剛好那幾年也常常擔任馬來西亞、中國大陸營隊的隊輔，帶營隊時正好遇到當時認識的志工，「送機的時候恰巧被安排送她們，她們高興地抱住我們、互留微信，到現在還在通訊呢！」邱秀鳳開心地指著手機的群組說。

二〇二〇年開始，因疫情少有接機機會，邱秀鳳殷切期待，希望疫情盡早消弭，再繼續接機的任務。

搶救生命　與時間賽跑

骨髓幹細胞移植的送髓接機（一）

「歐～～嗚～～歐～～嗚～～」救護車疾馳在馬路上，發出刺耳鳴笛聲，車子自然禮讓一邊，因爲有人正等待被搶救。搶救生命分秒必爭，還有志工與醫護以愛的接力，克服困難，他們和時間賽跑，「使命」奔馳在火車、汽車及飛機之間……

接送機任務，對桃園志工來説已如日常，但他們的任務不只接送海外家人和賑災物資，還有接送搶救生命的物資——骨髓造血幹細胞。

在血液疾病患者與志願捐贈者之間搭橋鋪路的「慈濟基金會骨髓捐贈資料

中心」，一九九三年成立於花蓮，二〇〇二年改制為「慈濟骨髓幹細胞中心」。

其中，第一百例骨髓造血幹細胞捐贈，是在二〇〇三年九月，由當時骨髓幹細胞中心免疫基因實驗室的主任李政道博士，與溫素蕊等志工一起送往杭州的浙江醫科大學附屬第一醫院，開創了從臺灣送髓至中國大陸、骨髓移植成功之先例。

作他人生命貴人　豐富生命心歡喜

立願堅守骨髓捐贈這塊福田的溫素蕊，那天一早，與李政道博士從花蓮坐飛機，直奔臺北松山機場，再由臺北分會同仁蔡凌霄載往桃園機場，飛抵香港後轉機至杭州。

一路舟車勞頓，溫素蕊的心情忐忑不安，無暇觀看沿途風景，只想趕在四十八小時內，將骨髓移植給病人。她在心底虔誠祝福：「這是非常健康有愛心的骨髓，希望順利移植到病人身上。」

當抵達杭州機場，機門一打開，預定受髓者的父親很快衝上來，溫素蕊和李博士都還來不及反應，他就直接跪下道謝。那種愛子心切的舉動，著實讓現場所有人紅了眼眶。

溫素蕊趕緊請他站起來，準備要與他打招呼時，旁邊的醫護人員已趕緊將他們帶上專車，一路直奔醫院。

到了醫院，在隔離病房外，溫素蕊與李博士看著醫護人員正為病人進行移植，直到當天深夜，終於順利將骨髓植入病患體內，她悸動地喃喃自語：「祝福受髓者，趕快恢復健康。」

接著他們就被安排到飯店休息，翌日一早趕回臺灣。行程如此倉促，大家都沒好好吃飯，三餐全在飛機上用。

後來中心還特別安排在香港召開記者會，看到病人很健康，溫素蕊就想到上人開示：「生命無價，只要生命有存在的一天，就要用生命搶救生命。」這次的隨緣之愛，讓她備感殊勝與溫馨。

後來中國大陸開放了，志工不用辛苦送過去，改由當地的醫護人員來臺取骨髓。雖然方式不同，但緊湊的行程依舊，且為了趕時間，都是搭飛機往返臺北和花蓮。

有一次溫素蕊從花蓮搭復興航空回臺北，碰到亂流，飛機搖晃得很厲害，她往窗外一看，白茫茫一片，讓曾經參與空難救災的她，忍不住想：「萬一飛機掉下去怎麼辦？」越想越緊張，突然她轉念，將眼睛閉起來，誦念佛號，心也瞬時轉為平靜。

雖然送髓過程緊湊萬分，但慈濟骨髓幹細胞中心每年都會舉辦捐髓和受髓配對者「相見歡」的活動，當雙方相認的那一剎那，總是無比地感動。此時在志工眼中，所有送髓、勸髓過程中的種種辛勞，都化為歡喜與感恩。

拯救生命　廣結善緣

「希望十年內，我能接到一百五十例。」二〇一一年，志工張秀鑾剛好六十歲，在溫素蕊力邀下，加入陪伴送

有多年陪伴取送髓經驗的溫素蕊（右）與來臺取髓人員合照。（圖片提供／溫素蕊）

取髓的行列，也立下她的心願。

為圓滿這超級任務，張秀鑾使命必達，曾經連續一星期沒有回家，在機場與花蓮間往返。從中午在機場接了個案，一起搭火車回花蓮，隔天一早做好交接後，又趕回機場，稍作休息，緊接著再接另一個個案回花蓮，隔天再交接，就這樣馬不停蹄來回。

希望安全又快速地把骨髓送出去，張秀鑾深覺這是救人、也是廣結善緣的好事，且只要接到第一次來臺的醫護人員，她都會帶她們去看大體捐贈的「無語良師」相關影片，啟發大愛。如果行程是三天，她就會安排其中一天，介紹臺灣的風土民情。

張秀鑾也不錯過任何一次拯救生命的機會，有一次她與來自中國大陸的護理人員在花蓮取完骨髓，要坐飛機到臺北，結果飛機足足延誤一小時才起飛，抵達臺北已經兩點，而護理人員要回中國大陸的班機是三點起飛。

準備要載張秀鑾和護理人員往桃園機場的蔡凌霄，心想一個小時足足有餘，但萬萬沒想到，一上高速公路就遇到大塞車，眼看時間分秒流逝，大家內心急得像熱鍋上的螞蟻，此時蔡凌霄口中喃喃自語：「救人要緊，被罰也無所謂了！」

張秀鑾於桃園機場，記錄全臺四家慈濟醫院，為六位中國大陸病患準備要移植的骨髓幹細胞。（攝影／張秀鑾）

他方向盤往右一打，車子就往路肩疾馳，張秀鑾看了又驚又喜，「沒辦法了，這樣才能趕到機場！」在關艙前五分鐘，他們終於順利抵達，趕緊請航警協助，讓護理人員快速通關。

縈繞在張秀鑾內心的記憶，還有一次是要送髓去中國大陸搶救六個人。那天是二〇一九年十二月二十四日，由慈濟骨髓幹細胞中心串起「愛的大串連」，有大林慈濟醫院兩例、臺中慈濟醫院一例、臺北慈濟院一例、花蓮慈濟醫院兩例，共四家醫院同時作業。

那次她因臨時有事，因此當天中午直接到桃園機場與大家會合，幫大家合照，留下歷史性的一刻。

「我覺得，當我們發願，內心就有一股支持的力量。」她感恩同為志工的先生施永春對她說：「有問題，我一定給你靠！」二〇一一年，剛好滿十年，她已經接送了兩百九十九例，遠超過最初的目標。張秀鑾說，自己將繼續朝無量數的願向前走，盼能拯救更多寶貴生命。

緊急時刻　為愛堅持

一趟陪取髓之路，常歷經飛機延誤、火車誤點、颱風、火車停駛，或醫護延遲到臺灣、而趕不上火車到花蓮等狀況。有次施永春替張秀鸞到機場陪取髓，途中竟巧遇颱風，讓他沿途如履薄冰。

這是一趟超級任務，施永春記得是一位中國大陸廣州來臺取髓的醫生，因他的病人當時已經進入無菌室，實施殲滅療法[1]，正等待取髓移植。

「為何沒有揹著取髓桶？」施永春在機場待命許久，卻不見揹著取髓桶的醫生，便在入境大廳來回尋找，還是找不到。他只好打電話，「鈴——鈴——」電話鈴聲在他身旁響起，他轉頭納悶地問醫生。

「我被交代不要揹在外面，只好收進行李箱中。」醫生望著他，一臉淡定地解釋。

施永春了解之後，點點頭回應。這時因為颱風已來襲，他馬上帶著這位醫生，搭停駛前最後一班火車回花蓮。

晚上安單，施永春得知颱風已造成蘇花公路坍方中斷，北迴鐵路全面停駛，他一夜難眠。隔天一大早，北迴鐵路仍未恢復通行，他心急如焚，因為病人的生死，就決定在這一趟。

終於在九點多傳來好消息，鐵路搶通了，臺鐵還加開火車班次，他趕緊收拾行李，帶著醫生直奔花蓮火車站，在最後一分鐘順利搭上火車。當輾轉來到桃園機場，順利搭上預訂的班機，這位醫生由衷感恩他的陪伴與用心。

陪伴關懷　大愛捨己

另外，桃園地區還有一位志工劉淑華，也在骨捐領域付出長達十多年。她對於陪取造血幹細胞，總希望可以掌握更多時間，所以只要是到嘉義大林慈濟醫院取髓，她都不坐火車，而是自己開車。

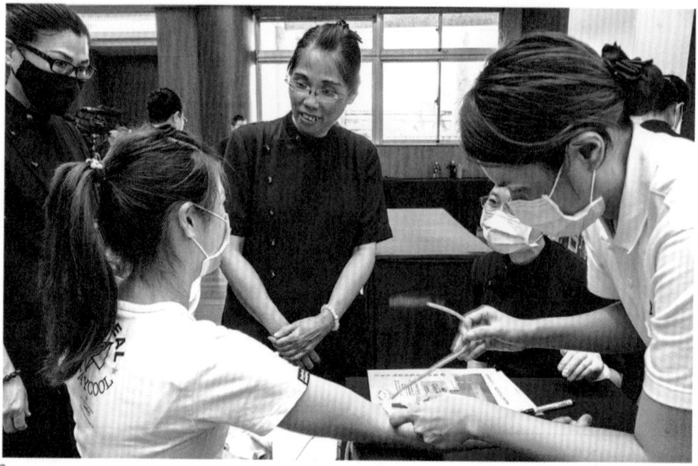

在新冠疫情影響下，由專人護送幹細胞到海外移植的方式暫緩。幸而疫情漸緩後，全臺各地陸續恢復舉辦造血幹細胞捐贈驗血活動，為病友盡一份力。圖中站立者：劉淑華。（攝影／謝佳成）

其實，中國大陸醫護人員來臺取髓並不容易。劉淑華每次都會利用陪伴的機會，與他們多聊天，進而了解到他們申請來臺取髓的「批文」得來不易，期間常會發生許多變數，且效率頗慢，若遇到特殊狀況，就無法順利取得批文。這種情況下，該怎麼辦呢？只好請別家醫院幫他們取髓。

例如，廣東人民醫院交接給廈門醫院幫忙申請，他們再從廣東到廈門取髓，不僅路途遙遠，且無法搭飛機，只能坐大巴；一坐就要好幾個小時，等到返回廣東，都已是半夜了，這時醫院再派車來接。因此，他們都是利用半夜趕路救人。

「搶救生命，每一個人都在付出，這不是金錢買得到的。」因為要趕在二十四小時內完成移植，取髓過程中充滿緊張和艱難。醫護理人員可選擇不要接，但為了病患，他們都不辭辛苦，令劉淑華非常感動。

生命無價，劉淑華也看到另一位廣東人民醫院來的護理師，這一趟路，光搭大巴士回到自己的醫院就要六小時，到院已是三更半夜。這種苦差事，大家都不願意，但她為了搶救生命，隨時補位。

後來得知這位護理師罹癌，劉淑華很不捨地表示，每一次來臺，她問護理師需要買一些保養品回去嗎？她都婉拒說：「病人要緊，我要趕快回去。」這次換她生病了，讓劉淑華很是錯愕，只期待平時都在助人的護理長，能在大家的祝福下，度過這個難關。

1　一些血液疾病患者在接受骨髓移植前，會先施打高劑量的化療藥物或全身放射線照射，消滅體內的癌細胞與造血幹細胞，讓植入的造血幹細胞有空間生長。但也因此降低患者的免疫系統作用，必須先住在無菌室等待移植，以防感染。資料來源：《慈濟月刊》六〇二期。

關鍵四十八小時　只有使命必達

骨髓幹細胞移植的送髓接機（二）

髓緣，是隨緣嗎？不！是一場愛的接力馬拉松賽。志工苦其所苦，感同身受，在陪取髓的緊湊行程中，排除萬難，用愛鋪路，一例接一例，不喊苦也不喊累，只爲點燃所有血液疾病患者生命的希望。

「我們是要送骨髓造血幹細胞去中國大陸，搶救生命，可不可以讓個位子給我？」志工戴震宸焦急地問。「現在都客滿，只剩下候補，請你去詢問那些候補的旅客。」航空公司櫃臺小姐回答。

愛在髓緣　使命必達

直航班機每天早、晚各一班，若早上這班沒趕上，就要等到下午四點半。戴震宸陪同來臺的湯壽春醫師，希望骨髓盡早輸入到病患身上，看看離起飛時間只剩下半小時，他二話不說，三步併作兩步地往候補旅客走去，試圖詢問是否有人願意讓位。

候補有九位，戴震宸緊張地一連問了五位，都不願意讓位。他沒放棄，當要詢問第六位時，他心想，「這個人面惡又不太友善，應該也是不可能。」內心已預設了答案，但隨後又想：「若不嘗試去問，就完全沒有機會。」

於是他鼓起勇氣詢問，想不到這位旅客馬上答應，戴震宸喜出望外鬆了一口氣說：「終於有人願意付出他的愛心了！」愛在隨緣，髓緣有愛，湯醫師帶著滿滿感動，順利搭上飛機；而那位讓位的旅客，最後也候補上了飛機。戴震宸深覺好心有好報，更感恩圓滿這次的任務。

然而，當下一次任務來臨，戴震宸再次與湯壽春醫師合作，卻上演了一場「敲門」驚魂記。

那天早上準備要作交接時，戴震宸發現湯醫師還沒起床，他趕緊打電話，手機竟沒開機，他非常著急，想要直接敲門，但又怕吵到別人。「不管了，救人要緊！」話一說完，他使勁敲門，果真把樓上、樓下的人全吵起來，湯醫師也被嚇醒了。

這一嚇醒，讓湯醫生下次來臺時，主動要求不再安單。戴震宸配合他，將兩天任務縮為一天，取髓當天坐火車到花蓮火車站，從第一月臺下車後，他們就直接跑到第二月臺作交接取髓，接著直接搭火車回桃園，再換車至機場。湯醫師當晚就睡在機場大廳，等隔天一早搭飛機回去。

「髓」順因緣，戴震宸與湯醫師變成好朋友。有一次，湯醫師來臺取髓時，正值冬天，戴震宸傳微信告訴他，臺灣這裡氣候很冷，記得要帶外套。

「怎麼那麼冷！」抵達機場這天，強烈寒流來襲，湯醫師凍到受不了。戴震宸想到晚上他要在機場過夜，當下就把外套脫下給他穿上：「我從來沒有去過中國大陸，但我的衣服有去就好了。」湯醫師很感動地將外套穿上。

下次來臺時，湯醫師還是把外套還給戴震宸，這段「衣」情記，成為兩人之間共同的溫暖回憶。

搶救生命　一路無悔

回憶，再拉回到二〇〇二年，戴震宸的媽媽在五十六歲罹患白血病，還來不及配對到骨髓就往生，他非常難過與不捨。因此，只要有陪取髓因緣，他都抱持救人的使命來完成。

十幾年來，戴震宸代表骨髓幹細胞中心到機場陪取髓，超過二十例。二〇一三年，他的心臟出問題，檢查報告是心臟肥厚增大，造成失能，幸好及早發現治療，這也讓他更加把握每一次的付出。

早期高鐵和臺北捷運還沒通車，戴震宸回想首次到機場陪取髓的因緣：「接到廣東人民醫院的一位淩偉醫師，那時我們雙方互不認識，是靠貼有慈濟LOGO的取髓冰桶來指認。」有了第一次接觸，他們很快成為好朋友，也一同經歷了取髓的驚險。

當時一位師姊送戴震宸去機場接淩偉醫師，然後再轉乘高鐵，但買不到車票；眼看時間非常緊迫，師姊開車又慢，他焦急如同熱鍋上的螞蟻。

戴震宸（右）與多次合作送取髓的湯壽春醫師（中）於花蓮慈濟醫院合照。（圖片提供／戴震宸）

一到機場，戴震宸接到凌偉醫師後，兩人快速跑到高鐵，跳上車不到三分鐘，高鐵就開了。緊接著來到板橋高鐵站，馬上又要換搭臺鐵去花蓮，兩人以跑百米的速度趕車。這時的戴震宸心臟有問題，但他顧不了那麼多，一心想要趕上火車。一到車站，兩人一躍上了火車，兩分鐘不到，火車就開了。

取髓過程充滿挑戰與刺激，但也有溫馨時刻。到了花蓮，戴震宸會利用空檔，帶著凌偉醫師吃吃當地的小吃及參訪慈濟醫院等，放鬆一下緊繃的情緒。

一心一意做好陪取髓，戴震宸覺得自己代表慈濟，不能有任何差錯：

「骨髓可以救命，也幫助一個人的家庭。我會全力以赴去協助，雖然行程很刺激，但也很有成就感。」。

超越病苦　以愛接力

無畏病苦、全力以赴者，還有志工張淑卿。她受證於二〇〇三年，兩年後承擔骨髓幹事。但就在這年年底，張淑卿突然發燒不退，口腔破裂，經長庚醫生檢查後確認是罹患「骨髓生成不良症候群」，一種造血幹細胞無法正常製造血球的疾病。

之後，她每個月需要輸血兩次，一次500cc。一段時間後，因大量輸血造成鐵指數太高，要背著小幫浦在肚皮上，用機器打排鐵針，一次輸15cc的藥水，一星期五天，一天十小時。想起這一段自打排鐵注射的日子，她仍心有餘悸。

幸好張淑卿沒有產生病變、導致急性白血病，即俗稱的血癌。張淑卿覺得自己很幸運，因為病苦，不是一般人可以理解，她想或許這是菩薩給的考驗——唯有親身經歷，才能更加體會病患的苦。

苦其所苦、痛其所痛，放下工作，張淑卿全心做志工。十幾年來，她的身體漸漸恢復健康，機場陪伴取髓的案例，也超過二十例。

這二十例走來不易，她曾遇到機場地下室淹水、停電、改航站入境等等困難。

二〇一六年六月二日下午，臺灣降下豪雨，桃園機場第二航廈地下室淹水又停電，水深一度及膝，造成周邊交通大亂，許多旅客無法進出機場。不知情的張淑卿，預計在傍晚四、五點前抵達機場接一位女醫師。當骨髓幹事簡添燈載她過去機場，才發現周邊交通阻塞，車開不進去。

「要上飛機的旅客，請改至第一航廈。」這時，張淑卿聽到廣播，隨後看到很多人在路上拖著行李，就像在逃難。這下她更緊張了，只好請簡添燈先找個地方停車，兩人分頭去找人。

來到第二航廈，張淑卿走到裡面，才發現已完全停電，一片漆黑，也不見航班看板。「糟糕了，現在要去哪裡接人？」她打電話給簡添燈，但他也問不到訊息。

「飛機到底有沒有降落機場？」納悶的張淑卿，這時看很多人往三樓去，她也跟著上三樓入境大廳去看看。櫃臺已圍滿人潮，她也跟著大家擠，好不容易擠進櫃檯詢問，答案是：「不清楚！」

張淑卿只好從三樓到地下室，一樓一樓去找，但仍找不到人。她便拿起電話打給她要接的女醫師，但現場一片黑，寫在紙條上的號碼根本看不清楚，只能請機場人員協助打燈。

電話不通，張淑卿請櫃臺幫忙廣播，仍無回應；她只好打到花蓮幹細胞中心報告情況，並請協助打電話。

電話一通接著一通，來來回回打了十幾通，仍沒有接到對方的訊息。直到晚上八點，電來了，張淑卿終於得知，飛機早已降落在桃園機場停機坪，只是乘客沒有辦法下飛機，且機場沒電，即便下飛機也不能過海關，加上那位女醫師還沒買電話卡，以致聯絡不上。

當接到女醫生時，已是晚上九點多，張淑卿終於鬆了一口氣。但等了四個多小時，早已錯過回花蓮的最後一班火車，她就直接帶女醫生回家吃晚餐及安單，隔天再回花蓮，結束這場機場驚魂記。

意外及驚險，讓張淑卿印象深刻。還有一次，一到機場，發現飛機將延後一小時到達，她馬上請載她前來的志工胡麗玉趕緊去火車站，幫她換下一班火車。

胡麗玉到火車站之後，發現車票是用溫素蕊的信用卡購買，她又立即請溫素蕊至火車站處理，才順利換好車票。

但是，原訂延後一小時的飛機又再度延後，張淑卿立刻打電話請胡麗玉先留守火車站，她則留守機場，兩人保持聯繫，隨時做好換票的準備。此時沒了司機的張淑卿，趕緊又聯繫簡添燈，請他找人來接力。就這樣，她等了三個小時才順利接到人。

2012年骨髓捐贈捐髓驗血活動，張淑卿向志工解說骨髓捐贈的流程。（攝影／吳金堂）

「尊重生命，發揮人悲我痛的大愛，落地為兄弟，何必骨肉親。」為患者帶來一線生機、也善盡地主之誼陪伴醫護人員的張淑卿深有感觸地說。

警察緣助 圓滿任務

送髓任務中發揮人傷我痛精神者，也包括警察人員。如送髓過程中發生天災、氣候或人為延誤，這時警察不只保護人民的生命財產，也奉獻一己之力，協助送髓。

「李政道博士預定搭十時三十分花蓮飛往臺北的飛機，下午兩點半再從桃園機場飛往香港轉機，再搭晚上六點飛往杭州的班機，時間銜接很密，但是突然接獲電話告知，花蓮機場起大霧，早上所有班機都停飛。」當時任職航警局的志工陳春美回憶道，過程中她一路指引，一關關突破重圍，協助李博士直奔機場。

那年是一九九八年十一月二十七日，因飛機停飛，李政道改搭十點八分從花蓮開往臺北的莒光號火車，列車在羅東因會車又延誤了三十二分鐘。當時待命的志工莊文堅與翁千惠，協調任職臺北市民防管制中心的主任黃柏霖幫忙，派出警用箱型車大力協助送髓。

在高速公路又遇嚴重大塞車，只好改走路肩直奔機場，終於在下午三點十五分抵達機場。「在骨髓這一塊，警察也幫了我們很大的忙，所以我們很感恩警察菩薩。」陳春美說，感恩「慈濟警察眷屬聯誼會」串起了這分送髓情。

雖然機場陪伴送取髓，任務多又充滿變數，志工們仍歡喜承接各類變化球，無畏種種考驗與挫折，只為搶救生命、點燃希望。

1998年丹麥骨髓捐贈資料中心醫護協調人員羅娜（Lone Lythans Holst）女士代表來臺取髓，與時任花蓮慈濟醫院院長的曾文賓（左）、李政道博士（右）合影。（攝影／李委煌）

接機之「最」教會我的事

耐心等待的學習與承擔

接機原是平常事，爲何會變成需要二十四小時待命的超級任務呢？任務中的各項不確定因素，會帶來哪些挑戰呢？不同的挑戰，造就了何種的接機之「最」呢？透過接機任務，志工究竟如何體驗生命意義與轉化人生智慧？

深夜十一、二點乃至凌晨三、四點的航班，是接機任務中最辛苦、最難的部分；尤其近年來航空公司在離峰時段安排廉價航班，導致半夜接機的機率大增。這些辛苦，全由志工蘇建坤一人默默承擔。

為了體恤年輕志工白天上班的辛勞、或是年長志工夜晚出門的不便，蘇建坤秉持一個原則——最早和最晚的航班任務，自己親自接機。「要求別人承擔，自己要率先承擔」向來是他的行事風格，這種以身作則的領導典範，也令他深受志工團隊敬佩。

蘇建坤曾和年輕志工去接一位從中國大陸來臺參加營隊的慈濟家人，原本凌晨一點的班機，卻遲遲等不到人，無論詢問派班的志工或機場櫃臺人員，都無法得知確切的抵達時間。最後他們等到凌晨四點多才接到人，回到桃園靜思堂，剛好趕上五點多要開往高雄的營隊遊覽車。

「年輕志工需要陪伴與接引，雖然一夜未眠，但過程中可以和志工互動，聯絡感情，傳承經驗。」折騰一夜，蘇建坤心中沒有任何埋怨。

有一次，臨時要接一位準備到慈濟大學交流學習的馬來西亞學生，他因為證件有問題，無法跟團體一起出發，但志工也不知道他何時抵達。當學生到了桃園機場，才打電話回馬來西亞詢問接機之事，輾轉聯繫上花蓮慈濟基金會本會、桃園分會，最後連絡到蘇建坤，請他前往接機，事情才得以圓滿處理，安定了學生的心。

蘇建坤回憶著這次臨時的接機任務：「我的住家及工作地點都離機場不遠，對於臨時增加或漏列的航班，有更多的機會可以隨時補位，我感到很慶幸。」

漫長等待　當本分事

除了早出晚歸和承接臨時任務之外，「等待」是接機最大的考驗與磨鍊。長期跟著蘇建坤一起當志工的童韻家，耳濡目染之下，對於「等待」也有所體悟：「當接機對象遲遲沒有出現時，心情更加不能焦躁，必須冷靜地想清楚目前所處的狀況，採取正確的應對措施，才不會誤了對方的行程。」

接機志工為了讓全球各地志工有美好的回憶，不僅凌晨或深夜都使命必達，更積極傳承經驗，讓後進參與、學習。圖：蘇建坤（中）代表蘆竹接機志工，於 2019 年桃園區接機接待感恩成長會分享經驗。（攝影／呂文慶）

而為了讓海外慈濟家人安心，童韻家都會貼心地提早到機場等待，讓對方一出海關就能看到慈濟家人，但也因此讓自己等待的時間變得更長。

他等過最久的一次，是三個多小時。當時間一分一秒過去，仍不見對方的蹤影，他環顧周遭每位可能的旅客，希望能找到接機對象，但一遍又一遍來回掃視，仍然是渺無蹤跡。

「他是去免稅商店買東西嗎？還在等行李嗎？去買國際電話卡嗎？還是先去換慈濟制服？」童韻家憶起當時心頭所揣測的各種可能情境。過了三個多小時，終究忍不住打電話詢問蘇建坤，再轉請最初安排接機的志工了解，最後傳來的訊息，竟然是接機對象已被朋友接走了！

「慈濟事就是自己的本分事，即使有時需要更多的耐心等待，也會歡喜接受。」這樣的事並未影響童韻家，他堅定地一本初衷，面對考驗，磨鍊耐心，繼續服務一位又一位的慈濟家人。

與蘇建坤所屬同一團隊、擔任幹部的簡嘉誠，在職場上講求效率至上，自認初接觸接機任務時，顯得較沒耐性。他說等過最久的一次，將近三個小時，是為華航大園空難的罹難者家屬接機。

華航大園空難發生時，桃園志工紛紛擔起現場急難救助的工作，膚慰家屬、協助他們尋找罹難者的大體，以及助念；當時簡嘉誠也義無反顧地投入為罹難者家屬接機的任務。

那天他抵達接機大廳，等候一個多小時，卻遲遲未看到家屬出現，只好急忙向蘇建坤電詢原委，初步詢問結果是：「無法得知家屬的確實動態，要繼續等！」簡嘉誠依照指示，繼續耐著性子等，還是始終不見人影；最後大概又等了一個小時，才接到通知，原來家屬已經搭乘計程車，前往放置罹難者大體的現場了。

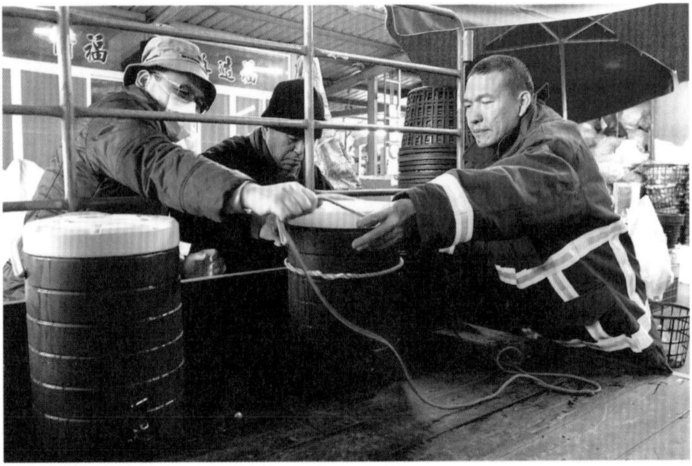

接機並非專門的功能組，因此需要志工在平時的勤務或工作間，騰出時間參與。圖：加入義消工作的童韻家（右）準備薑茶給桃園旭富製藥廠火災現場的救難人員。（攝影／李月真）

知道家屬已自行離開，簡嘉誠的心情五味雜陳；思及接機訊息傳遞的落差，與職場上的實事求是相比，不禁莞爾。但他一直深記進入慈濟的「初發心」，無論是何種任務，都是他的責任，要無怨無悔面對，並且告訴自己：「雖然自己不是很有智慧，但一定要做到以『和』供養上人。」在團體中，學習和和氣氣地處事與做人。

接機結緣　學習知識

接機的對象有一團幾十人，也有單獨一人。當車上只載一個人，蘇建坤會把握機會與對方聊得更多，也因此與來自深圳的中醫師發展出一段友誼，「有機會到深圳來，歡迎到我家來玩。」醫師也留下電話給蘇建坤。蘇建坤後來真的藉由一次到深圳的機會前往拜訪，而後每一次醫師來臺灣，彼此都會特別見面聊一聊，漸漸成為深交的好友。

童韻家則認為，接機最有價值的事，是能夠從中學習新知識。有一次接機的對象是莫三比克的農業部長，他便藉由接機，陪同部長到農糧署位於宜蘭的倉庫參訪，透過導覽解說，了解到戰備存糧冷凍儲存的保存方式。童韻家認為知識無價，能從當志工的過程中學習新知識，心中感到無比歡喜。

承擔接機任務的過程中，雖然要付出自己的時間與精力，卻也讓志工有學習的機會與滿滿的收穫。付出的當下，最大的收穫是什麼呢？蘇建坤、童韻家、簡嘉誠三位志工異口同聲地說出：「結好緣！」

透過接機，讓海外家人安心順利地進行在臺灣的行程，便能與對方結一份善緣，甚至因此成為好友；在接送過程中相互閒聊，不用出國就可以了解各國的許多風俗民情，也可以了解慈濟志業在不同國度的運作情形，讓他們藉此增長許多新知。

接受挑戰　藉事練心

這些年來，隨著世界各地志工人數的增加，志工來臺需要接機的頻率也大增，

接機總免不了等待，但能夠和海外家人結緣，為他們服務，接機志工依舊熱情滿滿地迎接海外學員歸來。圖：2012 年海外培訓委員慈誠精神研習會。（攝影／周幸弘）

最高紀錄是兩天內接送六十九趟。因此蘇建坤善用本身從事物流業的經驗，設法以最精簡的人力與車輛來接送海外慈濟家人。

首先，根據接送的時間，蘇建坤詳細規畫接送時間表，並編製成方便使用的電腦檔案。

接著，對於來自不同國家、參加同一個營隊的眾多海外慈濟家人，抵達的航廈、時間、人數各有不同，因此蘇建坤會綜合航班之間的間隔時間，讓接機志工將抵達時間相近的家人集合，搭乘航廈間的巴士，或直接開車於航廈間，統一接送至特定的定點，再安排遊覽車銜接的地點、順序與時間，最終有效率且圓滿地接送所有海外慈濟家人。

生性不喜歡被約束的蘇建坤，對於多變化的接機任務早已駕輕就熟，即使外人看來繁重的勤務，他卻豪邁地表示：「來啊！誰怕誰！接機除了是責任與使命以外，志工們也是出於自己的選擇，不是別人逼迫來的。上人想要做的事，身為弟子的我們就是要勇於承擔，盡全力做自己會做、可以做的事。」

童韻家感恩祖先的恩德，讓他可以不用外出工作就能過生活，才騰得出時間來參與機場接送的勤務。在他的生活當中，慈濟是他最重視、也是最主要的工作，每次都是全程參與，使命必達。

他深感上人的德行感召，讓他找到屬於自己的心靈依歸：「沒有慈濟，自己可能只是某家酒店的股東或VIP；很慶幸有慈濟，未來仍會使命必達繼續承擔，不管接機需要等待多久，一樣照等！」

簡嘉誠則是因為擔任了慈濟幹部，二〇二〇年決定放棄豐厚的薪資，辦理退休，全職擔任志工。他說：「以前上班時，許多勤務不被允許（參與），未來即使是三更半夜的接機任務，也沒問題！」因為他認為，「接機是一種責任，要做就要好好做，否則就不要做！」

三位投入慈濟已超過二十年的慈濟志工，善用生命，發揮良能，懷著感恩的心，心甘情願地承擔接機的各種挑戰，找到生命的價值。

無論遇到任何接機之「最」，他們都將它視為一個讓自己成長的挑戰，繼續在這崗位上，成為海外家人見到的第一位慈濟人，擁有最溫暖的笑容和最親切的態度。未來，他們肯定將繼續秉持這精神，運用經驗與智慧，讓每位海外家人都能感受到他們最誠摯、溫馨的接送情。

從年輕接到老

長者志工的接機經驗談

接機勤務有早有晚，不是每個人都能承擔，尤其是對年輕的上班族志工而言；幸好有一群老當益壯的熱情志工，見勤務需要支援時，總會義不容辭補位。他們從中年到晚年，接機次數多到數不清，可謂接機冠軍。

今年七十七歲的慈濟志工廖平容，老當益壯，接機史已有二十多年。透過他的經驗談，讓我們一起回顧早期接機的樣貌。

迎接海外家人　再晚不喊累

桃園靜思堂還未成立時，廖平容曾與一位志工晚上到機場接一對返臺的夫妻檔，接著送他們到臺北會所拿東西，最後再送到接待所安單。

待圓滿接送任務後，廖平容回到桃園已是半夜十二點多了，可是他一點也不覺得辛苦：「就像是去接自己的家人，很開心。」接機的歡喜總為他帶來一股源源不絕的動力，但偶爾也會遇到緊張刺激的時刻……

「怎麼這麼久才出來？」有次接機，廖平容接到一對外籍夫婦，結果飛機落地許久了，才見他們走出來。他趨前要了解狀況，發現語言不通，

（右起）簡榮吉、莊福源與蔡振來在桃園國際機場迎接 2017 年四合一幹部研習營的中國大陸學員。（攝影／施仲銘）

趕緊請同行的志工江瓊安幫忙翻譯。

「他說他太太的行李沒帶上飛機，找不到行李。」廖平容一聽，趕緊陪著他們去辦手續，再請下一班飛機將行李載過來。但因為需要一段時間，他隨即打電話告知統籌接機工作的楊慶鐘。

經楊慶鐘指示，廖平容先載這對夫婦到就近的百貨公司，買幾件換洗衣物，再送他們到靜思堂安單。這一來一往，廖平容回到家也已將近晚上十二點，辛苦的過程不在話下，但他樂此不疲，因為對他來說，大家都是一家人。

考驗不斷　轉念修心

接機狀況考驗多，所幸桃園志工長年下來累積很多經驗，再大的變化球，也都能一一化解。

為了迎接二〇一七年慈濟四合一幹部研習營的海外家人，這一次，桃園慈濟人從六月一日起陸續開始接機。

六月六日這天，航班接送分別在桃園國際機場的第一、二航廈，從早上的一、兩班，到晚上二、三十個航班都有，這種密集接送，令人神經緊繃。

顧及年輕人隔天要上班，三位皆已七十多歲的志工莊福源、蔡振來與簡榮吉，在晚上八點多抵達機場，準備要接即將抵達的兩班飛機，有來自北京、遼寧、天津、雲南、陝西等三十多位海外家人。

交通組安排海外家人共同搭一部大型巴士，再由他們三位志工接送。

九點多，莊福源、蔡振來與簡榮吉看到，一些海外家人一臉開心地提著行李，陸續來到出境大廳，他們馬上過去打招呼，隨後帶到大廳一隅集合，等全部到齊後，再載回桃園靜思堂安單。

「奇怪，怎麼這麼久還沒出來？」等了一段時間，他們發現還有四位遲遲未現身，莊福源與蔡振來不禁納悶。他們望著手上的接機表，再看看出口處，始終不見這四位，焦慮的神情全寫在臉上。

隨著時間一分一秒過去，他們不曉得還要再等多久。莊福源當下表示，他和簡榮吉先帶大家坐車到靜思堂，請蔡振來留下來繼續等待。

類似這種情況，其實莊福源早已司空見慣。他說有一次也是去接中國大陸志工，一進機場就看到搭第一班飛機的三位師姊已經抵達，他請師姊們先等一下，待會兒一起載下一班飛機的一位師兄。

但入境大廳人來人往，莊福源等著等著，眼看一個鐘頭過去了，還是沒有等到人；剛好這三位師姊認識這位師兄，就趕緊打電給他，結果說他人還在中國大陸⋯⋯。

「怎麼會這樣？為什麼？為什麼？」莊福源剛開始會一直問自己，且無法釋懷。後來他漸漸學會轉念，換個角度正向思考：「班次這麼多，全世界都有人要來，完全沒有缺失是不可能；而且是上人給我們這因緣來這裡等候，要讓我們修耐心，就不要想那麼多的『為什麼』。」

接機福田　培養超能耐

做就對了，不要問為什麼，因為接送機任務，難行能行，隨時都會有變化球。

「我們接機等一、兩個小時以上，是常有的事。」耕耘接送機任務福田超過十年的志工黃添財，體會到學習耐心等待的重要。

早期科技還沒那麼發達，黃添財有次去接機，等了一段時間，對方還沒出來，他再看看時刻表，確認飛機已抵達機場，但就是沒有看到人。他沉住氣，憑以往經驗告訴自己：「他應該是還沒提領到行李，或是去辦電話卡。」

當時，彼此無法聯絡，當等到人出來時，黃添財證明他猜得沒錯，對方是先去辦電話卡。因為當時海外慈濟家人一落地，就會急著先去辦電話卡，忘了出境大廳還有志工正在等待。

曾擔任慈濟志工隊長的黃添財，負責安排師兄去接機。在等待過程中，有些師兄內心難免產生焦躁，他就會分享一些方法，例如去服務中心尋求廣播，或者打電話回宗教處詢問，讓接機任務更能順利圓滿達成。

歡喜承擔　隨時做好補位

志工林榮桂也擔任過慈濟志工互愛隊長，自己有一臺專屬九人座的廂型車。當他一接到訊息，若只有兩、三位要接，就會安排有轎車的師兄去接；若超過五位，他就自己去接，因為還得載行李。

2012年連日豪雨造成菲律賓幾個省份地區嚴重淹水，志工於長榮航空櫃檯協助託運要送往菲律賓發放的香積飯等物資。（圖片提供／施雅竹）

自己當老闆、從事機械業的林榮桂，時間比較自由，頻繁的接機勤務，幾乎都是他去接，「因為年輕的師兄，大部分都在上班，年紀大的又沒有在開車。」歡喜投入接送的他說。

遇班機延遲，林榮桂記得他等過最久的，足足有五個小時。

那年有三位印尼慈濟家人回臺，他們要到香港轉機，剛好遇到颱風，接機時刻表不斷更新延遲時間，就是沒有寫停飛。因此他一直等，一顆心隨著時刻表的數字不停翻轉：「到底起飛了沒？」

就這樣不時望著手機上的時

間，他一會兒坐下，一會兒站起來走走，不知所措傻傻地等。最後，終於讓他接到了人，安然通過這次大考驗。

接機考驗能耐，也考驗現場的即時反應。大約在七、八年前的某日下午，林榮桂要去接從中國大陸來的七、八位志工，但是大家都穿便服，也互不認識；為此，楊慶鐘還特地前來陪伴。

飛機抵達一段時間後，穿著西裝制服的林榮桂和楊慶鐘，遍尋不到他們。身高一百七十三公分的林榮桂，突然看到一群人往售票櫃臺方向去，直覺就是他們，便告訴楊慶鐘：「那群人好像要去買車票，準備搭巴士。」

就這樣兩人馬上追過去問：「你們是要回花蓮嗎？」「是！」對方不約而同回答。「我們就是要來接你們到臺北車站搭火車。」幸好眼明手快，讓林榮桂再次圓滿這次的任務。

發揮良能　接到最後一口氣

「只要活著，我就會一直接。」今年七十二歲的志工傅定勝，投入接機工作已經二十多年了。六年前，他因為腎臟損壞，開始過著兩天洗腎一次的日子；但只要健康狀況和時間允許，仍堅持承接勤務，而接機是他的最愛。

把慈濟勤務排在第一的傅定勝，自己經營紙箱、禮盒外銷工作，對接機很有興趣，還提供一部九人座坐車，「人家說這沒賺到什麼，車錢、時間和精神都要自己付出，但我覺得我賺到高興和快樂。」收到接機勤務安排時，傅定勝會優先詢問「人少、沒人要去接的」，這時他就會和太太尤彩臻即刻補位。

擅長日文和英文的傅定勝，有次和尤彩臻到機場接一位來自日本要到慈濟大學交換的學生，「飛機過了那麼久，怎麼還沒有看到人……」他開始慌張，於是到服務臺去廣播尋人，這位女學生剛好從服務臺旁走出來。

「妳會不會講國語？」「會不會講英語？」傅定勝用日語連續問她，回答都不會。把她當成女兒，趁在車上的時間，他便教她許多臺語和國語的問候語。

將對方視如女兒般款待，傅定勝還有一次到花蓮擔任營隊隊輔，當營隊結束時，他送一位馬來西亞的女學生到花蓮火車站坐火車，「送要送到底，不要送到一半。」上人的開示浮現眼前，他就送這位女學生過月臺，然後才向她說再見。

突然，女學生跑過來將傳定勝抱住，左、右臉頰各貼一下；他當場愣了一下，「這是禮節，表示感恩。」他恍然大悟對她笑一笑，再度揮手說再見。

獨自到異國他鄉，一旦有人關懷，就會感到很溫暖。傳定勝感同身受、將心比心地表示，曾有位海外家人跟他說：「幸好有慈濟人來接機，不然下了飛機，不知道要往東還是往西？連坐哪一班火車都搞不清楚。」想到這裡，他更堅定在接機這個勤務上發心立願：「出門在外，有很多的不方便，我們能做就盡量做，讓他們有回家的感覺。」

熱情款待海外家人回家，這群已上了年紀的志工，仍繼續迎接一趟趟充滿挑戰的接機任務。

為了正確接到人，接機志工總會再三核對接機排班表和航班資訊。
圖：蔡振來拿著接機排班表，正在核對航班資訊。（攝影／施仲銘）

親如家人 一路相伴

追逐火車的時光

海外慈濟家人來臺，通常目的地都是花蓮慈濟靜思精舍。因此，志工的任務不是只有機場接送，還需載著他們趕赴車站搭乘前往花蓮的火車。途中的種種狀況，常令人捏一把冷汗，但最後他們總能排除萬難，不辱使命，將人平安送達。

隸屬中正和氣的志工李來進，三十歲左右投入慈濟志工的行列，培訓期間即承擔和氣副隊長，積極參與各項勤務，自然也參與了機場接待的任務。

有一回，他從桃園靜思堂送海外慈濟家人到樹林車站搭火車回花蓮，卻因為師姊們太熱忱地接待他們，一時不察，耽擱了出發的時間。眼見時間緊迫，他心想該怎麼辦才好？轉身詢問另一位志工，對於前往樹林火車站的路況是否熟悉？當下那位志工淡定地回答：「知道！」於是就由那位志工開車前導，李來進緊跟在後，兩車快速往樹林火車站的方向行駛。

不料，即將到達樹林火車站前，那位志工突然來電說：「師兄，我不知道路要怎麼走了！」李來進瞬間全身緊繃，因為火車很快就要進站了！

最後，他只好憑著自己既有的印象一路開往樹林火車站。到達車站後，他立刻停好車子，請海外志工稍等，自己拔腿直奔車站二樓，確認是哪個月臺？接著又迅速衝下來，匆匆忙忙地拖著行李陪伴海外志工直奔月臺。

一行人才走到月臺，火車毫秒不差隨即進站，讓他冒出一身冷汗。這場和火車競逐賽跑的事件，猶如衝浪般地刺激驚險，也成為李來進永生難忘的回憶。

狀況連連　熱鍋上的螞蟻

身形高挑、勇於承擔的慈濟志工劉明交，回想過去接機也是變數層出不窮，幸而他忙中有亂、亂中又有序，迄今仍令人回味無窮。

有一回，原本時間充裕，他從桃園機場接機後，就直接將對方送往臺北火車站、搭乘火車回花蓮，怎知遇上臺六十五線快速道路正在施工，平面道路與高架道路縱橫交錯，他一個沒留神，就開錯了道路。

雖然劉明交警覺性高，立即轉回正確道路，不料屋漏偏逢連夜雨，卻遇上塞車，車輛一路回堵到臺北火車站。當下劉明交內心猶如熱鍋上的螞蟻，深怕錯過那班火車，坐立難安！幸好他及時將心定住，最後一刻時間抵達臺北火車站趕上車班。事後，他深感自己疏忽了，沒有保持專心，才會認錯路線。

劉明交過去常常載海外慈濟家人搭乘火車到花蓮參加營隊，其中也有實業家。

因為營隊的課程內容豐富，課堂與課堂間的時間安排相當緊湊，因此營隊結束後，學員多已疲累不堪，甚至有人一上車倒頭就睡。但劉明交不忘把握回程火車的時間，請海外慈濟家人分享參加營隊的感動。

有一次，來自馬來西亞的海外慈濟家人分享，多年來他一直沒有意願加入志工行列，是他的太太先做慈濟，並且回臺尋根受證慈濟委員，而他只是在一旁默默支持著太太。後來，太太雖然屢次邀約他一起來做志工，但他總是回絕；可是太太並不放棄，還越挫越勇，不斷地邀約，終於說服他來臺灣走這一遭。

「讀萬卷書，不如走萬里路。」來了之後，這位海外家人親自見證了慈濟人的點點滴滴，內心非常感動，也發願回去要茹素，認真做慈濟，並且廣邀人間菩薩投入。

李來進和劉明交都覺得，自己從一次次的接機、送機勤務中，累積了更豐厚的人生經驗，這些都成為他們日後待人處世的養分及方向。

證嚴上人曾經告訴大家：「未成佛前，要先結好人緣。」當自己看見海外慈濟家人的成長、發心立願和那顆精進的心，看見他們從不認識慈濟開始到進入，因了解慈濟而後堅定信念，法入心、法入行，心中永遠充滿著正能量，也讓自己體悟要更精進向前行。

2019年全球靜思生活營，劉明交（前）擔任隊輔，這是在接機勤務之外另一種接待海外家人的方式。圖：營隊前的隊輔集訓。（攝影／羅景譽）

無微不至　陪你過月臺

大溪地區的志工趙克毅三年前勇於承擔和氣隊長任務，從剛開始對慈濟事務和組隊運作不甚了解，到今日蛻變為駕輕就熟、游刃有餘。二〇一七年歲末祝福會場上，趙克毅曾向上人報告：「接機是一件很快樂的事情！」上人開示時也說：「對呀！有很多事情繫於一念，海外歸來的志工都是我們的法親家人，接待自己的家人，當然要以快樂的心情去接引。」

趙克毅記得，剛承擔接機勤務時，常感到六神無主，還好他趕緊請教經驗豐富的楊慶鐘師兄，楊師兄告訴他：「若時間允許，就多陪伴。」

一句「多陪伴」，讓趙克毅只要時間允許，他一定會從機場陪伴他們過了月臺、上了火車，才回桃園。

有一次，他跟著遊覽車送對方到臺北火車站，由當地志工帶著他們到月臺搭車。在等待上火車時，他仍趁機陪著他們聊天。結果他貼心的服務，讓其中一位師兄很感動地跟他說：「哪天到馬來西亞，你一定要打電話給我！」

對於海外歸來的慈濟家人，趙克毅聽從上人的叮嚀，總是以開心的心情去接送，彼此宛如家人般溫馨。雖然從機場到桃園靜思堂的車程大約只有十五分鐘，趙克毅也把握時間互動，因為他覺得，「他們就像我們的兄弟姊妹，車上沒有講話，我就要開口講話，讓他們有回到自己家的感覺。」

心繫慈濟家人，趙克毅記得有次當接到訊息，是要送一位海外慈濟家人到桃園火車站，再轉車到樹林火車站，然後搭普悠瑪號火車到花蓮。擔心他人生地不熟，「萬一搭錯火車怎麼辦？」於是趙克毅就把車放在停車場，親自陪伴他到樹林，看著對方上了普悠瑪才離開。

2016年海外培訓委員慈誠精神研習會，馬來西亞志工葉志偉（右一）開心地聽帶隊志工黃建中（手持麥克風者）分享。（攝影／黃雪芳）

人間菩薩相互陪伴，趙克毅把海外慈濟家人當兄弟姊妹般疼惜。有次自北京跟上海各有兩位師姊來花蓮參加研習，回去時在機場檢查行李發現有狀況，他一問之下才知道是行李超重。這時她們的臺幣用完了，身上剩下的人民幣是回去要坐車用的，根本沒有多餘的錢，當下他就協助她們處理。

深怕來臺的海外慈濟家人登機前遇到任何困難或意外，趙克毅就會覺得任務做得很不圓滿，因此他總是親自陪伴到底，直到確認他們登記無虞才會離去。對他來說，這才是親如家人的陪伴。

回饋篇

風雨中的愛

文／前慈濟大學副校長 許木杜

慈濟大學川愛志工隊是由慈大學生和慈青[1]組成的志願服務隊，從二〇一二年開始，連續七年到四川進行人文環保交流，延續慈濟人在二〇〇八年汶川大地震後對四川鄉親的持續關懷。

川愛隊每年暑假赴四川進行交流前，必須在大學進行為期半年的培訓，透過對感恩、孝親與慈濟環保的了解與身體力行，深化慈濟人文精神；且暑假赴四川之前，他們會在桃園靜思堂進行五到七天的行前總集訓。這樣的因緣，讓川愛隊和桃園靜思堂結下了深濃的情感，師生們也深刻體驗到師姑、師伯們的無私大愛。

在連續七年的緣分中，最難忘的是二〇一七年七月的四川行。整個團隊由於服務將長達二十天，所以個人行李和教學器材堆積如山；幸好有志工吳啟明擔任總務，和桃園的師兄們漏夜協助將行李分類與輕重搭配，避免登機時超重。

但臨行前海棠颱風來襲，原本安排妥當的行程和井然有序的行李必須調整。在桃園師伯的協助下，吳啟明和李志男二位師兄當天清晨先將八十多個行李運至桃園機場。但海棠颱風打亂了所有進出航班，我們的航班延後約四小時，預定的登機窗口也臨時取消，整個出境大廳亂成一團。

但我們心裡很篤定，因為有桃園的師伯，一定有辦法解決困難。果不其然，我們臨時改至第二號窗口，師兄們將團隊所有行李有序地挪移，讓我們順利地辦理登機手續。歷經整個過程的繁雜與不確定感，當時登機前的忐忑心情，遠非我文字所能表達，也因此對桃園師姑、師伯這一段風雨中的愛，感念更為真切。

桃園靜思堂帶給我們的感念，也來自集訓課程所需場地和器材的提供，包括靜思堂內的空間和戶外廣場，都是課程訓練的絕佳場域。更讓孩子們感動的，是總務楊慶鐘師伯和香積師姑們提供的茶水、點心。所有的悉心安排，都是為了讓孩子們置身於一個溫馨有愛的境教和身教環境。

在帶隊老師、教育傳播學院院長何縕琪的用心帶領下，川愛的孩子原本既有的慈濟精神，在此對師姑、師伯更是表露無遺。

陪伴川愛隊多年，楊慶鐘師兄和桃園靜思堂所有師兄姊愛「上人所愛」。他們對川愛師生全力協助的點點滴滴，將永留我心。

1 由全球各大專院校學生所組成的「慈濟大專青年聯誼會」，簡稱慈青，以學校社團為基礎，籌辦社區服務性活動，如學期間為學童課業輔導，以及舉辦暑期兒童、青少年營隊；同時為響應環保，推動「無塑生活」，發揮青年的社會影響力。資料來源：慈濟教育平臺。

食衣住行樂

第五章 育

無畏變化球　隨時可揮棒

十八般武藝皆通的課務規劃團隊

海外慈濟家人搭機來臺，可能在桃園靜思堂過夜，也可能只是路過。但桃園志工珍惜寶貴的時光，總會邀集學有專精或經驗豐富的志工，規劃課程與活動，讓全球歸來的海外家人分秒不空過，行囊中更裝滿溫暖的回憶與學習體驗。

「連綿的青山百里長呀，巍巍聳起像屏障呀喂……我站在高崗上遠處望，是誰在對我聲聲唱……」當遊覽車緩緩駛近桃園靜思堂，大廳內傳來〈站在高崗上〉的樂音。

2018 年中國大陸志工前往花蓮，參加為期七天的慈濟會務交流研習活動。返程的前一晚，他們於桃園靜思堂安單，桃園志工以熱情歡快的舞蹈迎接。（攝影／李茗秉）

在嘹亮熱情的歌聲中，志工配戴原住民風味濃厚的髮帶與手環，跳起原住民舞蹈，在熱鬧的氛圍中，歡迎來自中國大陸十五個省份地區的一百八十六位志工。

結束二〇一八年的會務交流研習課程，分享與學習了慈濟志業推動的經驗、心得，中國大陸志工從花蓮風塵僕僕地搭車返回桃園靜思堂安單，準備隔天搭機返鄉。面對桃園志工熱情的迎賓感染力，這群中國大陸的家人倦意全消，忍不住紛紛拿起手機，記錄眼前盛情溫暖的一刻。

不過像這樣精心規劃的迎賓活動，或是意義深遠的慈濟人文體驗課程，也都要迎接臨時變卦的心理準備。

時間的變化球

志工林淑惠回憶，當時輪值勤務規劃的課務組在接獲通知以後，邀約她來共同規劃活動，但中國大陸志工在花蓮活動結束的時間與返回桃園的車班充滿了變數，雖然「不一定會來」，還是要準備！於是大家繼續研議課程，甚至為因應抵達時間的變數及參與者的體力與心力，彈性規劃各種課程，作好迎賓的準備。

當中國大陸志工抵達桃園靜思堂，幫忙卸下行李之後，桃園志工開始啟動預先規劃的方案：大家魚貫進入靜思堂一樓的福慧廳，接著，桃園志工與中國大陸志工分享社區經驗。

由於臺灣已邁入高齡化社會，志工陳逢卿分享在新埔里社區長者關懷據點的經營、以及長者與其家人的心情回饋，讓中國大陸志工感受臺灣志工如何深耕社區的鄰里互動與關懷行動；第二個課程，是由因足筋斷裂而行動不便的志工楊麗如前來分享社區浴佛[1]的孝親活動。

楊麗如的母親於臺北慈濟醫院進行膝蓋手術，不料在出院前一日，發生心肌梗塞再度開刀，最後雖然順利完成手術，但手術的後遺症，卻是引發腦出水與腦出血，在短短數日裡第二次進行開顱手術。三場手術挽救回了母親的生命，卻讓她的智力與生活自理能力急速退化。

楊麗如說，「送佛到我家」的社區浴佛活動特地到她家，讓她可以為以輪椅代步的母親浴佛，而且是家族三代的親子浴佛。其中一段孩子雙膝跪地為父母奉一杯茶、感謝親恩的內容，讓中國大陸志工在專注聆聽時，不時有人因感動而頻頻拭淚，也體會到臺灣社區浴佛推動孝親的意義。

隨著夜幕低垂，活動進行一個半小時後，課務志工把時間留給中國大陸志工自行運用，讓他們在第二天搭機返鄉前，有時間與各地前來的志工交流。許多中國大陸志工在課程結束後，依然繼續待在靜思堂一樓大廳的各個角落，三三兩兩或小組群集，流露依依不捨之情。

桃園志工相信，自己的用心能讓海外歸來的異鄉遊子，感受到桃園作為「愛的轉運站」所散發的一份溫暖與愛。

多國語言的變化球

除了流程上臨時的變化，多元的語言文化，也是課程活動安排上另一個需特別考量的地方。二〇一九年國際人醫會結束花蓮的精進研習，來自世界各個國家地區的人醫會成員一行五十九人，陸續抵達桃園靜思堂，隔日將返回各自的居住地。

考慮到語言因素，宗教處同仁邀請桃園外語隊共同規劃課程與陪伴。外語隊在接獲通知後，迅速進行成員的邀約，雖然準備的時間只有短短數天，大家仍然踴躍允諾參與，並由外語隊志工張宗臣與廖紫伶夫妻進行課務規劃。

廖紫伶以流利的英語，結合慈濟志業發展的脈絡進行機智問答，讓人醫會志工絞盡腦汁地競相搶答。

針對桃園靜思堂內的場景布置，外語隊進行分組，以英語為人醫會成員進行靜思堂的導覽，還規劃英語歌曲帶動唱來帶動氛圍；外語隊並因應人醫會成員的要求，個別陪伴前往靜思書軒與大愛感恩科技的攤位，擔任請購物品或書籍的翻譯。

在午齋時刻，多位外語隊志工也留下陪伴用餐。桃園志工所提供的關懷，沒有語言的隔閡，進一步貼近了人醫會成員的需求，更活絡慈濟家人間的情感交流。

外語隊的總幹事林奇巖提及，桃園外語隊在二〇〇三年成立，成員長期且規律地進行英語組與日語組的共修。近兩年因應趨勢，外語隊開始推動每週的線上共修，共修內容強調外語能力的精進，也訴求對慈濟志業發展脈絡的認識，讓外語隊志工可以在循序漸進且多元的管道中，豐沛以外語為慈濟傳法的厚度與廣度。

桃園外語隊的成員把握每一次扮演國門接待、與以外語傳法的角色，

接待工作中因語言文化隔閡帶來的變化球，總有外語隊志工協助，讓一切順利進行。2019 年全球人文真善美精進研習，口譯志工林奇巖（右）協助學員進行實作課程。（攝影／謝佳成）

讓遠道而來的海外慈濟家人，去除語言的藩籬，感受到桃園在地志工的熱忱與歡迎，也期盼為慈濟「一生無量」，傳法至日不落的慈濟世界。

颱風天的變化球

但要說到最難應付的變化，還是來自於大自然；它沒得商量，例如颱風說來就來，只能全時因應。志工徐素珍回憶起二〇一六年九月二十六日，當時她負責的課務規劃，是印尼四合一幹部的一日精進。那一次的過程，她以「膽戰心驚」形容自己的心情。

當時，中度颱風梅姬於九月二十七日在花蓮登陸，一時之間，颱風擾亂了營隊的行程。顧及兩百二十九位學員的安全，精舍師父讓印尼家人提前來到桃園靜思堂。

「真的是很緊張，接到訊息後，我們必須在兩天之內，完成颱風天的精進課程規劃。」同為課務規劃的志工林世聰，說明這勤務是困難重重卻又勢在必行，桃園的志工團隊必須發揮高度應變能力，去承接這一顆颱風天所帶來的超強變化球。

2016年印尼四合一幹部營隊，原規劃在花蓮靜思精舍尋根精進，因颱風梅姬來襲，營隊提前一日移師桃園靜思堂。面對臨時的變化，桃園志工藉助過往經驗累積，讓活動得以圓滿。（攝影／李茗秉）

集思廣益下，他們規劃了邀約志工來進行讀書會、資深志工分享「回眸來時路」的慈濟因緣、專業聲樂師資的慈濟歌曲教唱、手語歌曲教學、淨斯資糧的點心製作、以及慈善個案的分享，期盼讓印尼法親在溫馨且有趣的課程安排中，滿載法喜而歸。

那是一次震撼教育的體驗，但也出現一些有趣的景象。有些印尼慈濟家人因不曾遇過颱風，在外面強風斜雨中，央求志工讓他們一窺颱風天的景象，甚至有人想走出靜思堂大門，去感受一下「與颱風共舞」的感受。

但為了安全起見，桃園志工諄諄告誡颱風天的危險，才打消他們這一份浪漫的念頭。那一天，桃園區志工承受著颱風天所帶來的「心驚膽戰」的壓力，與印尼志工強烈驚奇、浪漫的感受，心情著實有天壤之別。

變化球，是棒球中的一種球路，它不像快速直球是單一且可預期的路徑，而是會產生不同方向與速度的各種變化。在投打的對決中，投手發展變化球以出奇制勝；打者也力求適應各種變化球以巧建奇功。

正如證嚴上人慈示：「人生不一定球球是好球，但是有歷練的強打者，隨時都可以揮棒。」因應機場地理條件的特色，課務規劃的承擔如同站上打擊區的打者，迎接各種方向與速度的考驗，必須練就十八般武藝的應對能力，讓平日接待勤務所練就的傳承與功夫，點滴累積，成就每一次的揮擊。

1 據《過去現在因果經》記載，佛陀出生時，天降九龍吐清水為其沐浴，後代佛教徒因此以浴佛像來紀念佛陀誕生。臺灣在佛教界的爭取下，二〇〇〇年訂佛誕日為「國定紀念日」，五月的第二週日母親節為佛誕節。浴佛活動因此結合感念佛恩、親恩，以及祈福的意義，許多道場以這天浴佛為年度盛事。資料來源：國家文化資料庫臺灣大百科全書。

行程充實　點滴不空過

滿載而歸的陪伴參訪

在無數次的送往迎來中，桃園慈濟人總是把握機緣，即便是短暫的片刻，也希望讓海外慈濟家人不虛此行。即使在行程中的空檔，他們往往都會安排活動或參訪，務必讓家人們把握難得來臺機會，攜帶滿滿的收穫回家。

每到中秋節前夕，來自全球各地的人醫會醫護成員數百人，陸續自世界各地雲集，回到臺灣，參加一年一度的人醫年會。入境臺灣後，桃園志工安排車輛接送他們到桃園靜思堂安單；等待與會人員都抵達後，再共同搭乘火車前往花蓮。因此，每年中秋前夕的桃園靜思堂總是熱鬧非凡，桃園志工也忙得不亦樂乎。

菲律賓實業家返臺參加2010年全球實業家靜思生活營，楊清火（右）利用營隊前空檔，為他們導覽。（攝影／陳明麗）

面對二百多位的海外家人，即使只有短暫停留一天的時間，志工仍使出渾身解數，把握機會，熱忱接待，希望讓每一位海外家人在這趟旅程中，有一段溫暖的開場。

距離大隊集結回花蓮，還有半天至一天的時間，為了避免讓早到的海外家人空虛等待，以及為了迎接人醫會每年新成員的加入，志工除了安排溫馨座談及慈濟歷史導覽外，也會安排參訪行程，希望讓他們此行，對慈濟有更進一步的認識。

導覽結束後，大家陸續回到大廳集合，在靜思堂門口，六輛遊覽車已排列就緒，預計帶領大家前往關渡大愛臺、臺北慈濟醫院、內湖環保站等地參訪。

為了能正確傳達慈濟的人文與法脈，也會希望陪伴參訪行程的志工，具備深厚的接機經驗及聞法入心的條件，因此楊慶鐘邀請有五年接機經驗且精進聞法的志工楊清火來陪伴。

經驗豐富的楊清火，依照六輛車分別整隊，每列隊伍的前後各安置一名志工，作前導與守護，以防止走失；每輛車上則各自安排二至四名志工，服務海外家人。

點亮心燈　篤定向前行

當車子緩緩地離開靜思堂，楊清火開始介紹第一站大愛臺的成立因緣，他引據證嚴上人說：「要度化廣大眾生，結合群體力量，運用當代發達的科技，能真正在二十億佛國，現廣長舌相。」他繼續說著上人誓度眾生的悲願，以及大愛臺的科技弘法，讓清流繞全球……。

車上一位來自南京、具有教授與醫師雙重身分的成員，聽了他的分享後，不禁問他是什麼背景出身，為何會有如此高深的見解。擁有十八本薰法香筆記的楊清火謙虛表示，自己背景平凡，或許是因為日日「晨鐘起　薰法香」，回家後再整理一次增加印象，才有這些理解。教授聽了，露出訝異的神情，真誠地表示要向他學習，全車也回報以熱烈的掌聲。

經過楊清火的介紹，這趟參訪行程，不再只是一趟「遊覽」而已，而是更具深度的呈現：慈濟不止是一個慈善志業，更是一個身體力行的修行團體，志工也在日常生活中力行實踐，令人自然地升起一份敬意。

來到了大愛臺，就一定要去看看大愛臺的「頭家」。遊覽車接著來到了內湖環保站，楊清火引經據典介紹，一九九〇年上人於臺中新民商工演講，號召「請大家用鼓掌的雙手，來做環保」一起來做資源回收，讓這片土地變成淨土；希望慈濟環保志工，不分年齡、階層、背景，人人做環保，視街頭為修行的道場。

楊清火介紹環保志工不畏髒亂、不辭辛勞，低頭彎腰，為愛護地球環境而無私付出，讓「垃圾變黃金，黃金變愛心」，點滴都用來護持大愛臺作清流。

參觀環保站後，看到環保志工不畏辛勞奉獻的精神，來自上海的鄭廣賦醫師分享，這是他第一次參加「國際人醫會」的活動，參訪前曾為了「慈濟為何安排我住寮房」耿耿於懷，畢竟以前出國都住大飯店，令他對此百思不解；現在聽了楊清火的分享，又看到環保志工的付出，讓他對自己貪圖享受的行為感到懺悔。

尤其看到慈濟醫院結合志工服務的醫療人文，以人為本，以病苦為師，全方位的照顧與關懷，讓鄭廣賦深受感動。一直想回饋社會、卻不得其門而入的鄭廣賦，發願要提前於五十歲退休，跟隨慈濟志工的腳步，發揮專長，哪裡有需要，就往哪裡走。

「一燈能滅千年暗」，在人生旅途中，總是因緣際會，因為有緣人相遇的火光，而點亮了心燈，就能篤定目標，堅定地繼續向前行。

溫情感動　讓愛傳出去

在接機的長流裡，不僅是兩百多人的營隊參訪，需要安排陪伴，即便是一個人，桃園志工都會安排專人來接待與參訪陪伴，因為每一個人，都是慈濟的「家人」。

「師姊，請問你家師兄下午有空到後站，接一位由花蓮回來準備安單的師姊嗎？」志工蔡麗紅經營二十四小時營業的自助洗衣店，一如日常，接到勤務通知，就放下手邊事務，隨即與先生王清文來到桃園火車站，迎接從花蓮結束志工活動、準備次日要搭機回北京的霍濤，到桃園靜思堂安單。

長時間配合接送機及陪伴安單的蔡麗紅、王清文接到霍濤，開心地載著她到附近的「忠孝環保站」參訪。在惜福區裡，霍濤看見臺灣志工珍惜物命，將許多回收的物品修理後再利用，令她感動，並選了兩件二手衣，也將身上所有的零錢投入竹筒，響應小錢行大善。

「鈴鈴鈴……」突然一通電話打斷了參訪行程，蔡麗紅接到需要助念的勤務訊息，靈機一動，轉頭詢問霍濤：「師姊，妳要不要和我們一起去長庚醫院助念？」在北京從未參加過助念的霍濤，隨即跟著志工們，從桃園直赴林口長庚醫院。短短一小時的助念，讓她學到正確的助念和陪伴的方法，對於這個初體驗，霍濤感恩有這機遇學習。

看到志工們陪伴關懷的用心，在北京當協力組長的霍濤，來臺前與組員間產生嫌隙，不知如何化解，正好藉機請教身為互愛組長的蔡麗紅。蔡麗紅告訴她，上人說要虔誠待人，所以如果和別人有摩擦，她就會自我懺悔，隔天去和對方說：「我可不可以抱抱妳？」當互相擁抱時，對方就能感受到懺悔的能量；因此對方如果願意被蔡麗紅擁抱，就表示化解了。

「好，我回去就用這個方法試試。」在彼此的分享交流中，霍濤感受到慈濟法親滿滿的愛，更開心的是，楊慶鐘師兄還安排了濃情豆腐宴，幫她補充營養。

席間四人談慈濟事、說慈濟情，還有好吃的素食，霍濤心裡的感動和溫暖，無以言表。離開桃園靜思堂，坐在車上，回頭揮手，眼淚不自主地流下，心中默默許願，要將自己接受到的這份愛，再傳出去，今後要學習用愛、用心去陪伴志工。回到北京後，霍濤還寫了一段參訪的過程與心得，表露自己的感動。

用心陪伴　孕育菩薩種子

「每一顆菩提種子，要成為一個發心立願的菩薩，其實都要有人陪伴；有人陪伴，他才不會孤單。」用心用愛陪伴，志工溫素蕊是最佳寫照。

北京志工霍濤常來臺參加營隊和活動，向各國家志工取經學習。圖：2019 年霍濤回精舍過新年，展示在活動中製作的「紙息煩惱」紙燈籠。（攝影／卓秀蔭）

「人家好不容易一趟回來，我們又剛好地處臺灣國際機場，真的是很值得去付出。」溫素蕊陪伴過的海外家人，已難以計數。她曾經陪伴來自山東的謝玉真及陳建廷夫妻檔，一天的行程下來，從桃園到臺北慈濟醫院，再到關渡大愛臺。溫素蕊在車上分享臺灣的志工活動，謝玉真和陳建廷也回饋在山東如何帶動志工，彼此交流學習。

溫素蕊陪伴謝玉真和陳建廷到環保站實地參訪，看環保志工不嫌髒、不怕臭，揮汗做環保，將回收的收入拿來護持大愛臺，認真地在全球傳法。所到之處，他們受到當地志工們熱情的招待，從茶點到生活組所準備的擺設及人文。可以說，行程中無處不是在學習。

「每個人發心立願，如果都能好好陪伴海外家人，讓他們回到當地生根發芽，每一個都會是菩薩的種子。」溫素蕊就這樣一路陪伴，不久之後從訊息中得知，他們夫妻檔竟然在山東發大心，成為山東第一顆種子，讓溫素蕊覺得好開心、好感恩！

在山東當地開墾帶動著實不易，包括帶動讀書會、提供共修點、計畫推動……。他們與溫素蕊至今仍然保持聯繫，隨時互相請益、分享交流。

山東志工陳建廷（右）、謝玉真（中）和上海志工邱玉芬（左）來臺參加2017年海外培訓委員慈誠精神研習會時，和學員分享進入慈濟一路走來的心靈風景。（攝影／林德旺）

「有人陪伴，讓他行菩薩道的時候，才會更有力量。所以這些回來尋根的人，就是粒粒的種子。」而溫素蕊總是樂於予人一份溫和有力的後盾。

每一次的陪伴，總在感動的氛圍中結束，漂洋過海回到故鄉的種子，落地而深耕。而桃園驛站往往扮演著孕育的一環，陪伴海外慈濟家人一小段路，期待他們能開枝散葉，回到當地成長茁壯，綻放璀璨與光輝。

慈濟理念最貼近的轉譯者

外語隊的接機與接待

外語隊志工運用語言優勢，引導來自不同國家的來賓參訪、或是海外慈濟家人回歸心靈故鄉。面對突發狀況及不同文化的衝擊，他們不辭辛勞，把握機會分享慈濟理念及證嚴上人的故事，讓來訪者將臺灣最美的風景——善與愛，裝滿回程的行囊。

站在桃園機場航廈離外賓入境最近的地方，志工李卿仁與外語隊志工們找了一個最佳位置，拿著A4紙製成的看板，上面寫著「Welcome! David D'or. Tzuchi」（歡迎大衛・迪歐！慈濟）。窗外，一架架的飛機降落，空橋也不斷有旅客下機入境臺灣，身高超過一百七十公分的李卿仁目不轉睛地盯著出關的旅客，深怕錯過外賓。高舉看板、穿著藍天白雲制服的他們，顯得格外醒目。

果然，身材高挑、一頭卷髮、正東張西望的大衛及其團員瞄到看板，與李卿仁四目對望後，立即露出笑容；李卿仁做了手勢，請他往這邊走，於是大衛拉著行李走了過來。李卿仁確認接到外賓後，心頓時安了，一行人前往停車場，將大家的行李放在接駁車上，車子緩緩駛離機場。

上車後，他親切地告訴大衛：「機場到桃園靜思堂大約三十分鐘路程。」一路上他和大衛聊著慈濟、聊著證嚴上人；彼此由陌生到熟悉。到了靜思

2011 年李卿仁（左一）接待曾多次來臺的以色列國際聲樂家大衛·迪歐和其團隊。（圖片提供／李卿仁）

堂後，李卿仁協助大衛及團員安單，為兩天後的「聽見愛的聲音」演唱會儲備能量。

然而，兩天後，當大衛在靜思堂準備要表演時，卻發生了一個有趣的狀況。有志工提醒他進到靜思堂要脫鞋，但是他卻沒脫，只好請李卿仁和他溝通，但他表明：「不行！不行！脫了鞋，我就不會表演了！」李卿仁聽完後，權衡情況，連忙跟大衛說：「不脫鞋，OK! OK!」

大衛完美的演出，讓活動達到最高潮，觀眾也沉醉在國際級的音樂饗宴中，而李卿仁也再次圓滿了一項重要的接待任務。

退休副總樂當導遊　細說慈濟故事

二〇二一年滿七十五歲的李卿仁過去是資訊工程公司的副總，因為工作量大造成爆肝，因此工作一段時間就要休息半年。休養期間，公司同事轉贈「渡」的錄音帶[1]及《慈濟月刊》給他，因而認同慈濟、走入慈濟。

李卿仁年輕的時候在美國念書，回臺工作後，因工作需要常出國，對於國際事務並不陌生，更擅於與外國人溝通。進入慈濟後加入北區外語隊，後來基於桃園地處入境第一線，於是與幾位志工一起成立慈濟桃園外語隊。外語隊成員的目標就是：「藉由語言將上人的大愛推到全球各個角落，讓接觸到的外賓有機會認識上人及慈濟，受到感動後，回國就有可能落實慈善工作。」

二〇〇三年開始接機，如今已接待過無數海外家人及國際友人，李卿仁在機場接到外賓後，就會打開話匣子，沿途介紹桃園，還有說明接下來住宿和用餐的安排，接著就會聊慈濟事：「你聽過慈濟相關的事情嗎？」他會介紹慈濟四大志業、八大法印[2]，說說上人和慈濟的故事，期間還要觀察來賓是否疲累了。聊天長短，因人、因狀況而異。

他記得，有一次「泰國復興國家道德力量推廣中心」（Center for the Promotion of National Strength on Moral Ethics and Values，簡稱道德中心）的一位女性教授，帶了幾個學生來臺灣，李卿仁向教授介紹慈濟的竹筒歲月，講述上人早期克難修行還要助貧的故事，教授非常感動，讓每個學生都帶一個竹筒回國，並且效法慈濟的竹筒歲月。

李卿仁並告訴她，存滿的竹筒，不一定回到慈濟，可以捐給其他有需要幫助的慈善團體，也可以號召更多人一起響應，養成善的習慣及循環。

多年來的接機工作，李卿仁說他從沒設定一定要得到什麼，只是用歡喜心去接待外賓，他們安心，自己也放心，該做的事也做到了。更重要的是，外賓的行程順利、平安快樂，就是一切圓滿了。

「三心兩意」的接待

二〇〇八年還是見習志工的莊懿珍，加入了慈濟外語隊，就接待到國際級巨星大衛．迪歐，心中既興奮又緊張。在互動中，她看到大衛起身幫忙端茶，沒有巨星的架子，如此平易近人，心中頓感輕鬆不少。因為擅長英語之便，讓她打開世界之窗，也擴展了自己的國際觀。

莊懿珍的先生在大學任教，經常帶學生出國遊學，她也跟著先生出過幾次國，因此對於接觸外國人並不害怕。且長期下來，對於接待外賓，她也摸索出了一套方法。「我都是以三心二意——信心、虛心、耐心與誠意、敬意來作接待。」莊懿珍娓娓道出她接待海外慈濟人及外賓多年的心得。

二〇一二年的農曆年剛過，天氣很冷，四位聖恩修女會[3]的修女，從遠在地球那一端的海地，飛行了一萬二千多英哩、轉了六次的班機，才輾轉來到臺灣。

修女們於凌晨抵達桃園靜思堂，志工在門口列隊唱歡迎歌迎接，他們的熱情，讓風塵僕僕遠道而來的修女們掩飾不住臉上的驚喜。

當天齋堂特地保留了春節才有的擔仔麵攤，煮了熱呼呼的湯麵，第一次來臺的瑪莉安學校校長馬佳瑞修女（Sister Marthe-Marjorie Fevrier），吃到如此窩心暖胃的麵，拿下圍巾擦著額頭上的汗水，不斷地感恩志工們的貼心、用心，她把手放在胸口告訴莊懿珍：「我好感動！」

安單時，修女們向志工借了熨斗，接過熨斗的修女道謝後接著說：「可以請你在凌晨三點時叫我們起床嗎？」莊懿珍覺得奇怪仍連聲說：「OK! OK! 沒問題。」修女接著說：「我想提早起床燙修女服，穿上聖袍用最莊重的儀態去見證嚴上人。」

原來如此，接到重責大任的莊懿珍，不敢輕忽，怕錯過時間，於是當晚穿著旗袍躺下，設定好鬧鐘，三點一到立刻起身，敲了敲修女房門叫醒她們，看著她們熨燙衣服。

憶起此事，莊懿珍笑稱當時根本沒有時間回家換衣服，還好以前當護理人員時有輪值過大夜班，可以保持清醒、不打瞌睡。

修女燙衣服的動作，讓她看到也學習到修女們對其他宗教以及對上人的敬重，雖然宗教不同，但感恩、尊重及愛，卻是如此相通。

二〇一八年在花蓮舉行國際慈濟人醫會，結束後，宏都拉斯籍的阿藍（Allan Enrique Estrada Reyes）與美國籍牙醫助理卡麗娜（Carina Quintana）帶著滿滿的收穫，回到桃園靜思堂準備返國。等待出發的時間，兩人用西班牙語分享這幾天的心得，並且對佛教的問訊禮儀有濃厚的興趣。

原本杵在一旁的莊懿珍，聽不懂西語也搭不上話，正好卡麗娜轉頭詢問：「你們的三問訊的手勢、打手印是不是這樣比？」莊懿珍本身也是慈濟培育志工的幹事，基本的佛門禮儀懂一些，於是向他們說明平時志工碰面時，合掌相互問候、佛門中三問訊禮及如何結手印、跪拜頂禮等，還拿了蒲團示範。明白後的二位人醫會成員，向莊懿珍道謝。

外語隊的志工不僅僅是在接待上、生活上協助來臺灣的國際友人或家人，更把握各種機會向國際友人介紹慈濟的大愛、慈善文化及宗門法脈，希望他們將這些種子帶回居住地，在當地撒播。

2016 年外語隊接待宏都拉斯十位醫學生。抵達桃園靜思堂後，得知其中一位團員生日，志工拿出廚房點火器充當生日蠟燭，慶祝至凌晨一點才安單在靜思堂。著旗袍者為莊懿珍。（圖片提供／莊懿珍）

2010 年史瓦濟蘭的總理和十多名官員來臺參訪，李卿仁（右一）為他們導覽當時在中正紀念堂舉辦的慈濟靜態展。（圖片提供／李卿仁）

1 一九九一年至一九九八年，行政院勞委會與慈濟基金會合作舉辦共一百一十三場的「幸福人生系列講座」，當時場場爆滿，其中二十三場是由證嚴上人公開演講，其他則由慈濟委員現身說法。委員都是演講素人，內容是自己的人生故事。後來演講內容集成《渡》專書，也推出「渡」與「悟」錄音帶。資料來源：慈濟傳播人文志業基金會　大愛行網站。

2 慈濟的主要事業為「四大志業、八大法印」，即慈善、醫療（如慈濟醫院）、教育（如慈濟大學、慈濟技術學院、慈濟小學、慈濟中學）、人文（慈濟人文志業中心、大愛電視、經典雜誌、檀施會、慈濟月刊、外語期刊）、國際賑災（如援助川緬）、骨髓捐贈（慈濟骨髓資料庫）、環保（如慈濟環保教育站、大愛感恩科技公司）、社區志工（慈濟各分支會所）。八大法印原名「八大腳印」，證嚴法師認為過去稱八大腳印，實為八種妙法，故在二〇〇七年正名為八大法印。

3 聖恩修女會於一八五〇年成立於加拿大，在海地深耕多年並在當地辦學。二〇一〇年一月海地大地震，多處房屋倒塌損毀，慈濟志工前往賑災，進行大型發放、義診等，也援建了幾所海地天主教聖恩修女會經營的學校，包含太子港主耶穌祕書學校 (Christ the King Secretarial School) 及瑪莉安女子中小學校 (Collège Marie Anne)。資料來源：《慈濟月刊》五九九期、佛教慈濟基金會服務成果收支報告。

回饋篇

憶桃園

文／中國大陸慈濟志工　韓東雙

丙申（二〇一六）早春初識慈濟，覺得一切皆好，但仍有不可滿足之處，只得邊修邊遇。相信證嚴上人的話：「只要勇於承擔，就有改變的機會！」

我是一名執業醫師，因本心不足，故外求物質資糧，離開體制醫院多年後，自覺心無所歸。恰逢此時有機緣，可以參加每年舉辦的國際慈濟人醫會，可又不知為何與中秋佳節趕在一起，畢竟中秋節在傳統中，要與自家人一起團聚、賞月、吃月餅等。殊不知海峽另一端還有更多家人，正期待著我們這些遊子們回到心靈的故鄉，共續前緣。

初次前往臺灣，心中不免有些許思量——那邊的風景如何，接機的人能否準時到達，落腳點的條件如何……。一抵達桃園機場，藍天白雲撲面而來，整齊有序，熱情微笑，真誠問候，鞠躬合十，歡迎回家；我已淚目，心靈落地，一身塵埃隨之落定，摘下了面具與虛偽的外殼，頓覺一身暖流洋溢，增加了我的真實勇氣。

我以為藍天白雲只可仰望，那是因為在天上；可當下就在身邊，如此清晰可依。

整齊劃一的列隊引領我們搭乘巴士，領隊師兄一路問候，以親人般的笑臉相迎，不知不覺到達一個雄偉又莊嚴的建築群邊，這就是靜思堂。唯美的建築風格令我神往已久，今天終於來到了你的身邊。激動啊，無可言表的激動！

這裡如此親切，如此熟悉，還未準備好思緒，迎面就走過來一位滿臉笑容、頭髮花白、個子不高的師兄。他的嗓門不小，卻透著長者的關心，恰似家中的長兄，為了弟弟、妹妹回家，已經準備了很久，早早地站在大門口守望，企盼親歸！我們緊緊地握手，久違的擁抱是如此有力、有溫度，甚至可以聽到他熱情的心跳；從此這位師兄在我的生命中難以忘卻，他的名字叫楊慶鐘。

雖是秋涼季節，但桃園的溫度如中國大陸的盛夏，桃園師兄、師姊們的笑容更如春風般和暢暖人。且每一個行程都不會因為人多而亂，從下車的那一刻起，我們所有的行李都已安排，參觀路徑更有多位師兄姊陪伴講解。靜思堂真的很大，但大而不空，大而溫馨。

桃園二日行，楊慶鐘師兄幫我重拾本心，激勵我行醫之路不可斷，找回本命。利他自利己，我衷心發願，一生不改，棄商從醫，盡微薄之力，重立醫館，堅守生命磐石，度己度人。祈願人心淨化，社會祥和，天下無災難，我定重返桃園，與桃園家人再團圓！

回饋篇

愛能增生

文／前慈濟菲律賓分會執行長　李偉嵩

每年中秋節我們都會陪菲律賓慈濟人醫會，去花蓮參加國際慈濟人醫會年會。在桃園機場一出關，就會有一大群的慈濟人拿著布條，很熱情地歡迎我們。師兄們幫我們搬行李，師姊們送水果點心，直到我們坐上大巴前往火車站。

桃園志工這種接機方式很獨特，讓醫護人員和海外志工們感覺到：參加義診的辛苦完全值得。最可貴的是，當他們回到菲律賓後，態度也有巨大的改變，對病患更加溫柔體貼；且參加更多場義診，打電話邀請他們，隨時一口答應。這轉變真的不可思議！

桃園靜思堂也提供了交通、住宿、餐飲給要出境的慈濟人。這工程浩大，但桃園的師兄、師姊們勇於承擔。每一個國家、每一個團隊的需求、人數、時間

過去曾在國際慈濟人醫會參與醫療志工的李偉嵩，每年都陪菲律賓人醫會回臺參加年會。圖：2011 年國際慈濟人醫會年會合影，左起為醫師賴銘宗、謝金龍、李偉嵩及 Reynaldo Carrillo Torres。（攝影／詹秀芳）

不盡相同，但師兄、師姊們面帶笑容，一一克服，真是讓我們佩服與學習的榜樣。

記得我剛進慈濟時，一切還懵懵懂懂。那時我們住在花蓮靜思堂，晚上我洗衣服，之後放進烘乾機；接著有位師兄進來，也要洗衣服。看到我在用烘乾機，他輕輕地對我說：「外面有曬衣服的地方。」當下我不懂他的意思，心想：「在我家，我們有幫傭專門洗衣服。今天難得自己洗，你還囉嗦。」因為他跟我講了六次。

後來我才醒悟，原來師兄是為了省電、愛惜資源，讓我很慚愧。那位師兄是桃園的資深志工楊慶鐘，感恩他為我上了一堂環保課。

回饋篇

十三次落地情

文／中國大陸慈濟志工　霍濤

如果說靜思精舍是所有慈濟人的心靈之家、身之嚮往所在，那麼桃園一定是我在臺灣的第二個家。

記得最早來臺灣，是二〇一六年參加十一精進之旅和其他營隊、課程。那時，桃園於我印象中，是在飛機上聽機長說：「您乘坐的航班將在三十分鐘後抵達臺灣桃園國際機場。」才知道桃園是來臺的第一站，讓我記住了它。當時雖然只是過家門而未入，但家的大門一直向我敞開著。

從見習、培訓到受證，我由叛逆和驕慢逐步走向承擔，並發心做慈濟。二〇一七年，是我在慈濟路上關鍵的一年。我參加了三場營隊及九月的國際慈濟人醫會年會，也終於第一次走進桃園的家，讓印象變成了現實。

這年的三合一營隊舉辦地是桃園靜思堂，整整三天的營隊，除了學到資深志工的經驗，更感受到桃園家人對海外志工的愛與關懷：機場接機，讓我不會擔心走錯路、找不到家；到達桃園的家，不管什麼時間，總會有一口熱食或一杯熱飲送到面前；被譽為「土地公」的桃園志工楊慶鐘，時常會來靜思堂陪伴，邊說話邊等下一批抵達的海外家人。

剛受證的我，對很多慈濟活動、組隊運作和陪伴並不了解，因此那時最開心的，就是聽慶鐘師兄與其他志工說慈濟事。他的經驗分享，讓我知道行善行孝的因緣，了解如何陪伴剛開始想要投入志工行列的人，及如何組織團隊活動。

三天，看似不長的時間，卻是一個心念的轉折。後來的日子，我會說「回花蓮」、「回桃園」，而不是「來」。三天，也讓我認識了很多桃園的法親家人，像是同為真善美志工的卓秀蓤、陳志輝、卓金碧、朱泠麗、江瓊安和莊秀花師姊等，是他們讓我在二〇一八年來臺時，真如回家一般親切。

二〇一八年第一次回精舍過年後，返回桃園的家，家人們給我帶了很多年貨，我手推兩個行李箱，肩背手拿，全身像掛滿了的聖誕樹一樣。

最讓我銘記於心的是這年的授證營隊，桃園家人陪伴中國大陸志工承擔隊輔和行政隊輔，使我和另外三位志工有緣站在證嚴上人身側，協助發送福慧紅包。桃園家人把這殊勝的因緣留給中國大陸志工，令我一生難忘！

二〇一九年再次回家，我儼然有了幾分主人的擔當，開始迎接、陪伴同樣從中國大陸回來的志工。二〇二〇年初，我第十三次落地桃園，回精舍過年後，再次返回桃園的家，體驗園遊會和蔬食美食。

誠如《法華經》從第十四品，佛陀講法入本門，我志求追尋真實法，因此回到位於蘇州的基金會中國大陸總部，在志業體負責平面和多媒體傳播，誓願通過各種媒介，將慈濟的大愛如清流沁潤人心。

也更加期待第十四次落地情園（桃園），回家！回我心靈的故鄉！

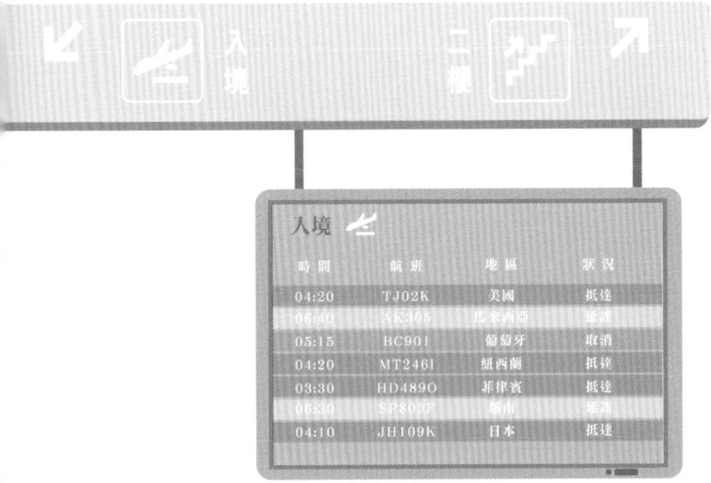

入境
二樓
入境
時間 航班 地區 狀況
04:20 TJ02K 美國 抵達
06:40 AK305 馬來西亞 延誤
05:15 BC901 葡萄牙 取消
04:20 MT2461 紐西蘭 抵達
03:30 HD489O 菲律賓 抵達
06:30 SP803F 越南 延誤
04:10 JH109K 日本 抵達

第六章 樂

食衣住行育

人傷我痛　人苦我悲

慈善、醫療個案接機陪伴

在二十多年的接機勤務中，也有不少海外慈善、醫療個案的接機。陪伴這些個案，過程中的每一個眼神、動作都要非常謹慎、細膩，充分發揮同理心，才能以「人傷我痛、人苦我悲」的心情，給予對方一個可以短暫依靠的肩膀。

「師姑，今晚要麻煩您和師伯去機場接一位個案喔！詳細資料我會再發給您……」二〇一六年九月十二日，志工石美英收到社工給的訊息，在當日晚上八點和先生鄭文章到機場，接一位由慈濟人醫會志工陪同從印尼回臺的潘先生，那時潘先生已六十歲。

「怎麼會放著家人在外面流浪這麼久？」石美英得知個案過程，感到十分不可思議。潘先生二十餘年前至印尼工作，期間有過二段婚姻，二位配偶皆已往生。潘先生長期滯留印尼，無居留證明，生活困頓，後來被送到當地的精神療養院，遇到印尼的慈濟志工。

印尼志工得知潘先生是臺灣人，無當地居留權，隻身流落在印尼，倦鳥歸巢，經聯繫他在屏東故鄉的姊姊們，雖都能力不足，也同意潘先生返鄉定居。

雖僅中繼站　以更細膩心保護

回到久別的家園，潘先生難免感覺生疏，「潘先生，你還好嗎？已經回到臺灣了，可以安心了。」見潘先生沉默又羞赧，石美英一番噓寒問暖，讓他安心不少。當晚她便安排住宿旅館，同時也與屏東的訪視志工聯繫交接，次日一早和鄭文章再接送潘先生至高鐵站，由慈濟基金會協助住宿費及車資，讓潘先生搭車返回南部，後續由屏東慈濟人接續關懷。

石美英與鄭文章是夫妻同修，共同修行學習，一起長期在慈善訪視耕耘。他們在志工勤務的安排上較不受限，而且有車，能快速地到達分會，若有海外的個案要接送機，基金會的社工第一時間也都會聯繫他們。

接機前，社工會依據得到的訊息，告知個案狀況，提供照片與個案姓名、性別、年紀以及航班、班機到達時間等資訊，還有個案的來處與陪同者人數，夫妻倆即前往機場。但有時尚未看過個案，只能拿著的寫好個案姓名的紙張在機場耐心等候。

幾次的經驗後，為了方便認出個案，在接機前，石美英會建議對方儘量將當天搭機時所穿的衣服，拍照上傳過來。因為有時接受協助回來的個案，不一定是慈濟志工，也可能是團隊或臺商，有照片就比較容易辨識。

早期接的個案，有些需要短暫過夜，因此在接機前，須先找好旅館。對個案的食宿安排，石美英與鄭文章總是不遺餘力地作好準備，讓個案得到最適切的安置。

面對這些個案，鄭文章認為，說話須格外謹慎小心，要尊重保護他們的隱私。

近十年來，接機的慈善跟醫療個案約十餘個。由於個案是由第三方轉介，有來自薩爾瓦多、菲律賓、印尼、新加坡、中國……，鄭文章表示，接送機過程對個案無法提供從頭到尾的服務，只能給予短暫的安置住宿與關懷陪伴，屬於中繼站的服務性質。即便如此，他們夫妻倆還是竭盡所能地、為個案做到最妥善的安排。

把握每一次偶然相遇的機會

然而，每一段因緣，皆起於一個偶然的相遇。菲律賓的莉亞（Lea Awel）和瑞秋（Rachel Awel）姊妹、傑博（Jayvo San Jose）、印尼的諾文狄（Novemthree Siahaan）、蘇霏安（Sofyan Sukmana）、哈米迪、以及新加坡潘勁揚和潘姿齊兄妹……，他們來自不同的地方，而共同的身分，是到臺灣慈濟醫院求診的小病患。

眼見一個個幼小的生命正遭遇著病痛的折騰，卻無法在當地醫療體系中尋得對症之道；而臺灣的慈濟醫院，正是他們迫切仰賴的希望所託。

鄭文章與石美英回憶起當時陪伴罹患「巨大型齒堊質瘤」的諾文狄，因這種疾病十分罕見，治療不易，當時在臺灣的三個多月中，共動了五次手術，才回復諾文狄原本清秀的長相。

而另一對跨海來臺醫治的姊妹珍妮（Jennelyn Mendoza De Guzman）跟潔妮（Jerrelyn Mendoza De Guzman），對於鄭文章夫妻來說，亦是留下了深刻的印象。

菲律賓籍露蒂（Ludy De Gusman）在二〇一三年生下了一對腹部相連的連體姊妹——珍妮和潔妮。因當地民情保守，露蒂生了連體嬰感到自卑而自我封閉；二〇一四年慈濟人醫會去當地義診，志工才發現這個案例，二〇一五年基金會即安排她們來臺就醫。

一月九日，鄭文章邀請志工林榮桂駕駛自家的九人座廂型車協助接送，晚上七點多時，接到了由菲律賓志工陳麗君陪同的母女三人。

「看到她們的第一眼，我非常驚訝！」石美英回想當時，語氣仍有些激動：「冬天天氣非常寒冷，我們都穿著大衣，卻看到這位媽媽怎麼穿著拖鞋，小朋友也是赤腳，沒穿鞋襪。」志工們見狀很是不忍，經過討論後，先帶她們母女們到南崁市區的鞋店，買了鞋子、襪子讓她們穿上保暖。

雖然語言不通，但透過陳麗君的翻譯，露蒂非常感恩臺灣慈濟人給她的溫暖；小朋友穿上鞋襪後，也目不轉睛地盯著雙腳，露出驚訝的神情。鄭文章等一行人馬不停蹄地再送她們到臺北火車站，由陳麗君繼續陪同她們回花蓮。

後來在花蓮慈濟醫院進行的分割手術，相當成功，她們在四月八日出院，接著要回菲律賓。在返回菲律賓的前一天，醫生帶她們到靜思精舍拜見證嚴上人，剛好鄭文章夫妻也回到精舍當志工，雙方有緣又相遇了，還歡喜合影。

鄭文章當下非常開心：「上人為姊妹倆人取了中文名字，一個叫善靜，一個叫善思。她們那時來的時候才一歲多，現在（二〇二二年）應該是九、十歲了。」

再見到同樣的一張臉，這次媽媽笑了，孩子也笑了。回顧當時在機場接到她們時，鄭文章眼眶泛紅，語調低沉，難掩內心不捨地

2015年菲律賓連體嬰珍妮與潔妮至花蓮慈濟醫院進行分割手術，桃園慈濟志工到機場接機。圖：志工帶領母女們到市區選購保暖的鞋襪，並為姊妹倆穿上鞋子。（攝影／陳玉萍）

說：「當下覺得媽媽很苦，她帶孩子來的時候完全沒有笑容，自卑又鬱悶。」但要送她們回去時，鄭文章眼睛一亮，欣喜地說：「媽媽終於笑容滿面了！」想起媽媽的笑容，他也笑了。

再次相見，雖是在細雨紛飛的清明時節，但她們母女臉上的陽光，卻讓人感覺格外地安心。鄭文章望著窗檯上正享受陽光洗禮的花兒，感性地說：「生命中我們都是彼此的過客，但有幸能夠互相參與，看到受助的個案翻轉命運，在接送機過程中，即使再辛苦，也都值得。」

當初陪伴珍妮和潔妮跨海求醫的志工陳麗君，2018 年再次前往他們的家中及托兒中心訪視關懷，了解他們的學習及生活現況。圖：珍妮（右）和潔妮（左）。（攝影／Jonas Trinidad）

一顆善種子　可以一生無量

「另一對也是菲律賓連體嬰送到花蓮慈濟醫院進行分割手術的個案，就是後來被取中文名字為慈恩和慈愛的這對姊妹。」參與關懷的志工羅鳳蓮，一開口說到上人的慈悲，就感動到哽咽。

對這個案，她印象極為深刻：「上人好幾次都有提到她們，她們現在（二〇二二年）已經是大學生了，也是我們的慈青。」提到慈恩和慈愛，雖然只是一段短短的因緣相遇，但那份親近的感受，讓羅鳳蓮每次想到她們，便難掩心中的驕傲與喜悅。

慈恩與慈愛於二〇〇三年四月來臺準備手術，在六月五日，胸腹相連的分割手術歷經七個半小時順利完成，八月返菲。

當年慈恩、慈愛到花蓮慈濟醫院時約三、四歲，手術後住院大約三、四個月。她們要回菲律賓時，由羅鳳蓮負責送機，還幫忙抱著姊妹倆的其中一位。

「她們原本生活在黑暗中，有因緣遇到慈濟人，順利分割成功，而且很健康，現在長得亭亭玉立，人生也由黑白變為彩色，如今能夠去服務更弱勢的人。

這就是一顆善種子萌芽後，可以一生無量！」當年有幸能夠參與其中，陪她們一段，羅鳳蓮覺得因緣就是這麼不可思議，在付出的同時，內心也充滿了感恩。

隨著慈濟醫療志業的發展，透過國際醫療與人醫會的扣連，建立了一個互助網絡，讓首次來到臺灣求助的不同國家的醫療個案，在面對人生地不熟的困境時，都能在陪伴的過程中，感受到志工們提供的協助和慰藉。

志工們期望，在對方最悲傷的時刻，有一個信任的肩膀可以暫時依靠，最終更希望他們不僅是健康，在揮手送別的那一刻，也攜帶滿滿的祝福回去。

2003年8月21日桃園志工於桃園國際機場，歡送分割手術成功的莉亞（慈愛）、瑞秋（慈恩）及媽媽瑪利塔（Marieta）返回菲律賓。（攝影／顏霖沼）

來時是苦　離去有愛

醫療個案接機陪伴

苦難的人，受幫助能離苦得樂；付出的人，因助人而輕安自在。臺灣人即使遇到不同種族、文化、語言者，關懷與協助無分別心；而慈濟外語隊志工則給予來臺或在臺的外國人士最快速的協助，讓他們在異鄉不再徬徨無助。

「Mabuhay!」（菲律賓語：好好活下去！）志工溫素蕊靠在艾雷諾（Ireneo Jr. Estoy Muana）的耳邊說。

病榻上，昏迷的艾雷諾似乎對這熟悉的語言有所感應，頭轉向說話的人，微動眼皮努力地想睜開眼；一旁是他的太太艾莉爾（Arile Yu Pasulohan Muana），因為突然聽到令人振奮的故鄉話，驚訝地望著溫素蕊。溫素蕊接著對她說明：「我們是慈濟志工，聽到你們的事情，因此來關心你們。」然後像抱著女兒一樣將她擁入懷中，志工李卿仁在一旁用英語翻譯。

雪中送炭　跨國接力

二〇二一年十一月二十二日，桃園區慈濟志工溫素蕊、陳玉美、楊慶鐘、李卿仁來到龍潭敏盛護理之家，關懷因病住院的菲籍移工艾雷諾。

艾雷諾於二〇一八年來臺工作，原本預定二〇二一年六月工作期滿要回到家鄉；怎麼也未料到，三月時他感染結核性腦膜炎，引發腦部積水，雖然從死神手中搶回性命，卻從此昏迷臥床。

艾雷諾生病的半年內，雇主義美公司請專人負責他的醫療相關事宜，並與其家人聯絡，為他申請勞保失能給付，安排他住進龍潭敏盛護理之家，還請了看護照顧他。在新冠疫情頗為嚴峻的期間，雇主為了讓艾雷諾的妻子艾莉爾來臺照顧，在臺、菲兩國間的外交機構不斷地努力奔走，終於如願以償。

十一月十七日，桃園區慈濟志工溫素蕊接獲臺北區慈濟志工捎來艾雷諾個案關懷訊息，立即與義美公司的專責窗口郭先生取得聯繫，在其協同下，二十二日下午，一行人來到敏盛護理之家探望艾雷諾。因疫情故，院方相當謹慎且做足了準備，才讓在外吹風等候許久的志工們進入。

「Kumusta?」（菲律賓語：你好嗎？）楊慶鐘向艾雷諾及艾莉爾打招呼，溫素蕊向艾雷諾說完「Mabuhay!」後，給了一旁照顧先生的艾莉爾一個溫暖的擁抱，輕輕地說：「你辛苦了！」

不懂中文的艾莉爾，在李卿仁的直譯下，話語如陽光般照進她沉重的內心。自從先生發病臥床，家中唯一的經濟支柱倒下，至今仍昏迷；龐大的醫療費，加上兩個孩子的教育費，使得原本不寬裕的生活，更加雪上加霜。艾莉爾的身子輕抖了一下，泫然欲泣的雙眼不發一語，只能將頭埋在溫素蕊的肩膀、雙手緊抱著她。

溫素蕊輕拍她後，轉身接下陳玉美遞上的伴手禮，包括淨斯營養穀粉、祝福金、英文版的靜思語等，依著李卿仁的說明，艾莉爾感受到臺灣人的關愛之心，眼眶瞬間又紅了。一旁的楊慶鐘看了，趕緊轉換氣氛問她：「記不記得妳和先生之間最熟悉的歌曲是什麼？或者他最愛的歌曲、情歌等？」剛開始艾莉爾不明白他的用意，搖搖頭說：「想不起來。」

楊慶鐘接著向她解釋，用熟悉的聲音或歌曲，也許可以喚醒艾雷諾。在楊慶鐘有耐性的引導下，她想起了一首歌，但靦腆的她，不好意思在眾人面前唱出聲。志工們鼓勵她：「不要怕，妳要勇敢地唱。」於是她緩緩地用菲語輕柔唱出：「我在這裡，愛著你……」唱著唱著，眼淚已如斷線珍珠掉下，一首歌因數度哽咽而唱不下去。在妻子深情的呼喚下，艾雷諾的眼皮終於慢慢地睜開。

在場的人聽著看著，感動地幾乎要掉下眼淚。今年七十多歲的李卿仁想起上人話語，「見苦知福！」他慶幸著自己身上雖有各種病，但仍然能走能動，比起他們，自己幸運多了。

因新冠疫情趨緩，且艾雷諾的病情逐漸穩定，艾莉爾決定帶先生回國繼續接受治療。明白始末的李卿仁以流利的英語向艾莉爾分享，艾雷諾在臺灣有來自政府的勞保給付，有義美企業負擔醫療照護，民間的慈濟則是國際性的慈善團體，過去也曾經協助過菲律賓的風災，今後將從臺灣到菲律賓，持續地給予協助與關懷，讓她安心地帶先生回家鄉養病。

二十七日，艾雷諾夫妻即將搭機返國，清晨六點多，義美公司吳經理及溫素蕊、陳玉美及李卿仁頂著寒風，驅車前往機場為艾雷諾送行。義美公司同仁細心安排菲航班機，機上有菲國機組人員，讓艾雷諾夫妻回程中不孤單。為了方便返國後的照護，雇主添購了血氧機、抽痰機、氣墊床等醫療設備，而慈濟團隊也已聯絡菲國當地志工，在機場跨國不停歇地接力。

返家的路又更近了，醫院的救護車載著艾雷諾及艾莉爾抵達機場後，艾莉爾說：「對我們全家來說，這是今年最好的耶誕禮物！」義美公司代表吳雪枝經理及志工對著艾莉爾說：「加油！加油！加油！」向艾雷諾喊道：「Mabuhay!加油！加油！」望著這一群暖心的人，艾莉爾忍不住噙著眼角的淚水，說不出話來，揮手向大家道別。

在機場等候時，義美公司吳經理向志工感恩及分享，公司高階主管很重視這個個案，知道慈濟在全球多國都有慈善關懷據點，因此向慈濟提出後續協助，而成就這次愛的接力；志工們也向吳經理分享慈濟在全球所做的點點滴滴善舉。吳經理親睹志工的關懷善行，讓她更加了解及認同慈濟，相約日後在義美公司合作慈善活動。

李卿仁回到家已接近中午，用餐後即休息；直到傍晚，打開手機看到桃園外語隊志工在群組分享大愛電視播出艾雷諾的相關新聞，原本想低調的李卿仁，只好在群組向大家說明過程，也鼓勵大家把握付出機會。發文後，李卿仁心懸艾氏夫妻不知是否已安然返家，打開大愛電視晚間新聞，畫面中只見當地志工在馬尼拉機場安排艾氏夫妻上救護車，直奔醫療院所。

知道他們順利回家並住進醫院，李卿仁心中有著無限的祝福。這一家人未來的路雖然辛苦，但他相信透過善與愛的連結，艾雷諾一家不會孤單，而且會好好地活著。

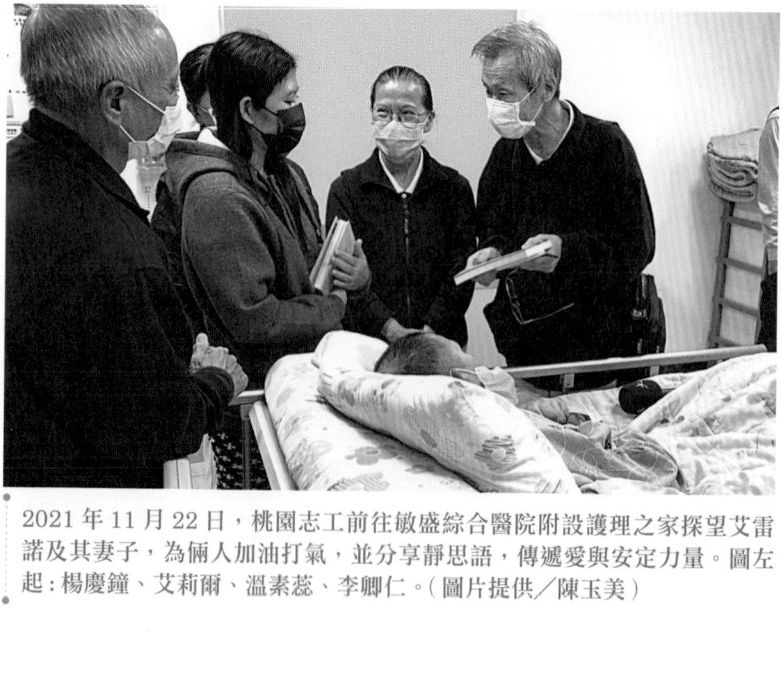

2021 年 11 月 22 日，桃園志工前往敏盛綜合醫院附設護理之家探望艾雷諾及其妻子，為倆人加油打氣，並分享靜思語，傳遞愛與安定力量。圖左起：楊慶鐘、艾莉爾、溫素蕊、李卿仁。（圖片提供／陳玉美）

布巾人生　見苦知福

和李卿仁同是外語隊志工的莊懿珍，曾接待一位臉部長腫瘤的年輕女孩來臺診治。

二〇一一年三月，斯里蘭卡籍的皮里洋基卡（Pinnalande Priyangika Dilrukshi）及母親拉瓦迪（Leelawathi）由社工韓思嘉（Hansika）陪伴來臺求醫。三人來到靜思堂時，恰巧是皮里洋基卡二十三歲生日，志工們為她準備蛋糕慶生，眾人祝福她生日快樂，卻不見她用蛋糕及點心。她臉上圍著布巾，遮住了眼睛以下的部分，始終沒有拿下來。

志工們發現她沒有用餐，莊懿珍憑著過去醫護背景的敏銳觀察，這是醫療個案，需要特別注意。詢問同來的社工韓思嘉，方得知皮里洋基卡十三歲那年，臉部開始腫大，壓迫到口腔唾腺導致口水往外流，臉部扭曲，怕嚇到周遭的人，不得不用布巾圍住。

在一次慈濟新加坡分會義診團隊跨海義診時，醫生發現她的嚴重病症。由於手術及診治過程複雜，需要到大型醫院治療；經過審慎的評估，最終決定將皮里洋基卡送往臺灣慈濟醫院，進行一系列手術前的醫療評估。

了解狀況後，莊懿珍提議給母女二人單獨寮房。想到皮里洋基卡沒有用餐，她貼心地送上餐點，放在寮房門口後隨即離開。莊懿珍收餐盒時，眼角瞥見用餐尚未圍上布巾的皮里洋基卡，雖然依布巾的形狀也猜到腫瘤不小，一旦親眼目睹，內心仍震撼不已。

隔天晨起梳洗後，莊懿珍發現皮里洋基卡與母親兩人不斷搓揉手臂，似乎頗冷。探問後方知，原來初春時節在斯里蘭卡仍舊很熱，不似在臺灣是涼颼颼地。莊懿珍趕緊到總務處的衣物櫃找來二件外套，給了皮里洋基卡母女保暖。在感謝聲中，母女踏上往花蓮求醫之旅。

由於當時正是全臺慈濟志工忙於《慈悲三昧水懺》經藏手語演繹的時刻，莊懿珍一邊練習手語，一邊掛心這對異國母女求醫的情形。

數日後，眼尖的莊懿珍發現穿著同一件外套的皮里洋基卡又回到靜思堂來安單，她趕緊靠上去關心，發現皮里洋基卡的布巾未卸下，臉龐腫脹也未消退。她心急地詢問韓思嘉，原來經醫生診斷，時機已不適合開刀，在與皮里洋基卡母女討論過後，她們決定返回斯里蘭卡度此一生。

聽聞此事，莊懿珍的心也跟著難過起來，皮里洋基卡懷抱希望來臺診治，期待一個轉換健康容貌的機會，如今希望破滅，內心不知有多麼地失望！皮里洋基卡的年紀與自己的女兒相若，令莊懿珍慶幸自己的女兒五官端正且健康；而皮里洋基卡卻須為活命，遠渡重洋求醫。想到這裡，她格外珍惜自己的幸運。

2011 年 2 月 25 日志工莊懿珍接待來自斯里蘭卡、臉部腫大的二十三歲女孩皮里洋基卡。（圖片提供／莊懿珍）

來到臺灣這天，剛好是皮里洋基卡的二十三歲生日，靜思堂準備蛋糕慶祝。（圖片提供／莊懿珍）

半年後，莊懿珍輾轉得知皮里洋基卡往生了，令她十分感慨：「生命是如此短暫又無常，不知下一刻會發生什麼事！」這件事也帶給她很大的醒悟，當下發願：「我願用下半輩子來付出，與眾生結好緣，盡一己之力，幫助需要幫助的貧困者。」

不論是跨海求醫者、海外家人、甚或是來臺的外籍人士，透過志工的語言翻譯及溫馨的關懷，能不虛此行，帶著美麗的回憶回到家鄉，也讓愛善的種子撒播、綿延到世界各地。

陪他一段 在最需要的時刻

意外事故接機陪伴（一）

接送機任務是桃園慈濟志工的日常，歡喜接送遠方的家人，是最熟悉愉悅的事。但人生無常，有時志工也需要接待來臺處理緊急事故的傷亡者家屬。此時，身處人生地不熟的異鄉，志工們的交通接送和陪伴的肩膀，就是他們最好的依靠。

二〇一六年七月十九日中午十二時許，來自中國大陸遼寧的觀光團開心地結束臺灣旅遊，準備搭機踏上返程，卻在前往桃園機場的高速公路上，發生遊覽車火燒車事故，連同導遊和司機共二十六人不幸罹難。桃園區慈濟志工接獲消息，心急如焚，一邊確認事故發生地，一邊電話聯繫安排救援、助念，儘速趕往發生地作緊急救難。

這是志工接送機任務中最難忘的一次。

巨變災難一夕至　志工助念盼靈安

當時志工黃仁宗擔任慈濟大園互愛隊長，接到鄭文章的電話，電話那一端說話語氣急促，告知他發生事故了，而且事故地點離黃仁宗家較近，請他就近先去看一下。黃仁宗趕過去確認地點，在國道二號往機場方向三公里處，回報位置給鄭文章後，就直接留在現場準備幫忙。

同時間，大園互愛組長黃月里也接獲蘆竹訪視志工石美英的電話：「快點！快點！大園有一臺遊覽車燒起來，聽說很多人在裡面沒出來！」黃月里聽完，心揪結著，喃喃自問：「怎麼會發生這種事？」她趕緊換上志工服，找了同住大園的志工陳雪花一起前往。

因為事故是發生在高速公路上，到了附近，她們再詢問當地住戶。住戶一邊指路，一邊驚魂未定地形容道：「爆炸聲很大，火勢又大，我們都嚇到了！」

眼見火燒車濃密的黑煙不斷往天空竄升，日正當中，蔚藍的天空卻被濃煙遮蔽了大半。在開始管制拉封鎖線前，黃月里和陳雪花想更靠近遊覽車旁，看是否可以協助救人，但被一位警察阻擋了下來。眼見無法進入現場幫忙，黃月里就跑回家打電話，想著：「不好了！該怎麼辦？恐怕凶多吉少……」於是開始召集志工儘速到現場助念。

當時留在現場附近的黃仁宗，得知遊覽車是行進間不知何故撞上路旁護欄，車門被護欄擋住打不開，大火瞬間燃起，團員們跑到車門邊要逃生，但打不開，所有人在大火中掙扎著出不來。

一會兒，消防車和警察車趕了過來，控制住火勢，隨後警察破窗進入遊覽車內尋找生還者，消防隊也用大型機具將車門切割開，但已經來不及了。救護車到時，只見一具具大體被搬運出來，每具幾乎都是焦黑如木炭。

下午兩點多，陸續趕來的志工無法進入現場，於是就站在高速公路旁一畦已收割的稻田裡，望著被大火吞噬、只剩骨架的遊覽車，虔誠地唱誦「南無阿彌陀佛」佛號，祈求奇蹟出現，還能有人倖存。

「我們無法靠近現場，只能在最接近的範圍助念，聽說旅遊團到大園吃飯後就準備返回中國大陸，只差幾步路就能返鄉。人生無常啊！」黃仁宗回想過去，無奈搖頭嘆息著。

蘆竹志工郭金盆當天站在稻田中助念，也不曉得念佛多久了，感覺到腳很酸麻，也非常僵硬。但見天色漸暗，還下起雨來，現場顯得更加哀戚，她的念頭突然一轉：「眼前這二十六位菩薩正在承受人生最大的痛苦，自己的腳麻又算得了什麼？我應該要幫助他們啊！」於是二十多位志工持續念佛，直到最後一具大體運送完才回向結束，此時已是晚上七點了。

在事故現場，一輛接一輛的救護車朝中壢市立殯儀館奔馳著，沿途刺耳的鳴笛聲，讓人聽來十分哀傷。從傍晚到入夜，殯儀館內燈火通明，志工陳駿銘安排桃園區志工輪班助念，一天九個班，每班九十分鐘，「南無阿彌陀佛」佛號聲接續傳誦，並且恭敬合十向往生者致意。

志工們以助念的方式，向罹難者還有家屬致上最虔誠的祝福之意，希望往生者和家屬，都能感受志工們真誠的付出與關心。期盼這些往生者靈安，在世的家屬也能心情平復，早日走出傷痛。

驟失至親苦難忍　志工膚慰過難關

桃園志工得知災難訊息後，第一時間展開橫向「功能組」及縱向「組隊」（詳見書末附錄一）聯繫，立即動員成立關懷及助念小組，在獲得政府及罹難者家屬同意後，隨即陪伴膚慰[1]，傾聽他們的苦楚，安撫他們悲傷的情緒。

從遼寧嫁來臺灣的楊越，說話帶著濃厚的地方鄉音，與夫婿都是慈濟志工。當天看到新聞報導，鄉親出了這麼大的意外，她心情非常沉重，於是趕忙與楊慶鐘取得聯繫，表達陪伴遼寧鄉親的意願。

從下午至入夜，志工們用虔誠的心助念，祝福往生者靈安。（攝影／陳玉萍）

志工在中壢殯儀館設置服務站，提供各項服務，也為罹難者助念。（攝影／彭楡淨）

人生最苦莫過於生離死別，遼寧觀光團員的家屬接獲消息，懷著悲痛的心搭機來到臺灣。其中，楊越陪伴的是一次喪失五位親人的高家大姊。

「我是家裡的老大，爸媽最疼我了，有什麼好東西都給我。但遺憾的是，他們來臺灣前一天打電話跟我說：『妳要不要來家裡坐？』我因為有事就沒去，連最後一面也沒見著！」高家大姊在前往殯儀館的車上，回想起父母的點點滴滴，說著說著，在楊越面前抱著父母生前的照片又哭了起來。

聽完高家大姊的話，楊越心裡難過地想著：「我可以為鄉親做些什麼嗎？」特別是和高大姊一家對話後，發現他們之間不僅都是遼寧鄉親，甚至還

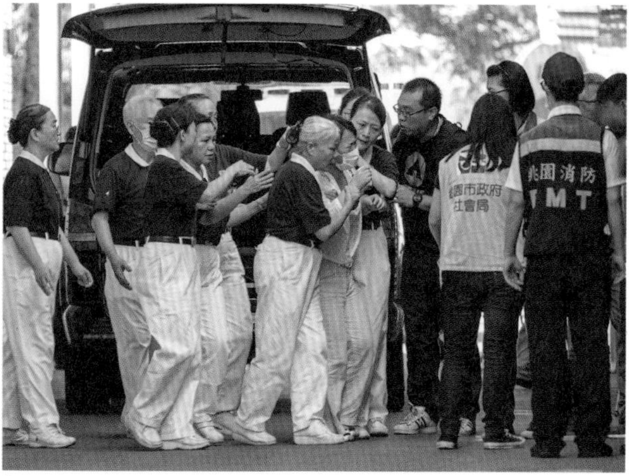

家屬在認屍後悲傷不已，志工協助攙扶到休息室並膚慰情緒。（攝影／江展楠）

還是地方的老鄉，說話也更加地投緣。「她大姊夫跟我是老鄉，都是鐵嶺市的人，我也沒想到他是鐵嶺人，我們溝通什麼都是更順暢一些，這其實也是因緣……。」

只是，自以為堅強的楊越，卻也在七月二十二日陪伴高家確認大體時，情緒崩潰了……

那天是最難過的一天，對罹難者家屬而言，度日如年。在中壢殯儀館內，楊越陪著高家姊妹進去確認大體，確認前檢察官表情嚴肅地告訴家屬：「你們準備好了嗎？」高家姊妹回答：「準備好了。」但是檢察官將拉鎖一拉開的當下，不僅家屬受不了，一旁陪伴的楊越也承受不住。

「當我看完那一眼，就那零點幾秒的畫面，一直在我眼前晃來晃去、晃來晃去，我就不行了，我就出去了。連我都這樣了，真怕帶給他們更負面的影響。」直到走出來，看見穿藍天白雲的慈濟志工們，楊越感覺就像見到親人般，可以在她們面前盡情宣洩情緒。等到情緒稍加平復了，她才繼續回去陪伴高家人。

即使事過境遷，每當回想起那一幕，楊越仍忍不住淚水奪眶而出。望著不堪的大體，痛心摯愛的親人臨死前受此痛苦，這是任誰都無法承受的事。

走出傷痛需時日　志工陪伴增勇氣

「事後她大姊夫跟我說，發生事情時，她家五個人，最下邊那個是最小的十二歲小姑娘。天下父母心都一樣，就是父母壓在她上面，免得她燒到；然後老年父母親再壓到最上面，所以父母燒得最嚴重。」

失去親人的椎心之痛，楊越感同身受，因為自己的母親也已過世。「在火燒危急時刻，父母親仍不顧一切保護子女，讓我真切感受到父愛、母愛的偉大。」楊越知道那一刻最重要的是，要給高家支持他們走下去的力量。

因此在陪伴的當下，當她看到高家人情緒比較緩和的時間點，就試著轉移話題，在聊天中得知，高家的遠房親戚也是中國大陸志工，陪伴他們到大連搭機時，曾經告訴高家姊妹，到臺灣就找穿這身藍天白雲志工服的人。

而因緣正是如此，楊越就像是遠地的親人，說著熟悉的口音，給了她們依靠。有人水土不服拉肚子、或二姊失眠，楊越和桃園志工就陪著他們去藥局買藥，也買水果噓寒問暖，以同理心協助他們度過這段難熬的時刻。而且只要有任何需求，志工們隨時都會前來幫忙。

「有苦的人走不出來，有福的人就走進去。」當無常來時，有旁人的膚慰陪伴，才能有勇氣再往前走。慈濟人扮演著心靈安撫的角色，不論是機場或是任何地點及時間，慈濟志工永遠用溫暖的手，守候著有需要的人。

1 「膚」一字代表皮膚，有切膚之痛的意思。說明陪伴、照顧他人時，要能體會對方的苦，並感同身受，即「傷在他身，痛在我心」。資料來源：證嚴法師法音集。

用祝福代替悲傷

意外事故接機陪伴（二）

機場內，捧著骨灰罈的往生者家屬正要登機。登機通道聲聲佛號，送走的不再是只有悲戚的家屬，且夾帶著愛與滿滿的祝福。在桃園住都飯店十多位志工六天的陪伴下，讓家屬們這趟悲傷之旅有一個宣洩的出口，生命得以重整再出發。

雖然是炎炎七月天，卻是暑期的旅遊旺季，往來各風景區的遊覽車一部接一部，遊客更是絡繹不絕，大家抱著度假的心情，快樂出遊。然而卻有一團旅客心境大不同，懷著悲傷、哀戚、忐忑的心，來到臺灣下榻桃園住都飯店。

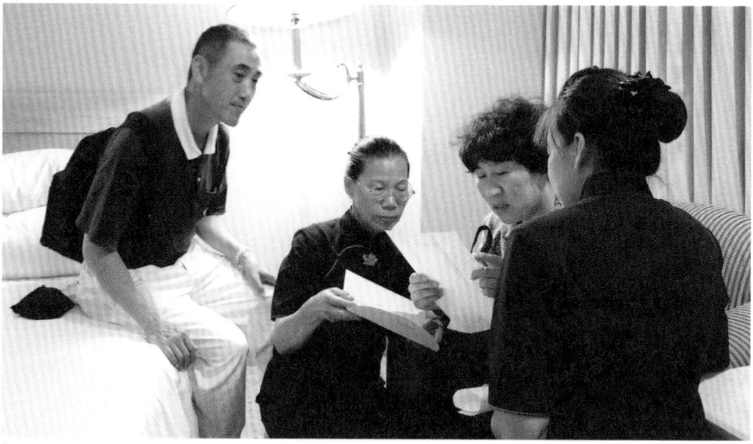

志工抵達住都飯店，逐一關懷罹難者家屬。圖：溫素蕊（中）、鄭文章（左）陪伴家屬觀看證嚴上人慰問信函。（攝影／程三令）

假期中，住都飯店的旅客熙來攘往。然在二〇一六年驚動全臺的遼寧旅遊團火燒車事件中，二十六人罹難，令人不勝唏噓。當時來臺的罹難者家屬，恰好被政府相關單位安排住在這裡。那時各家電視新聞台日日播報，住都飯店邱祥貴董事長也特別關心家屬的需要，希望能盡一點心力，讓此事件有圓滿的結果。

桃園當地志工本著悲憫關懷的心統籌關懷小組、準備慰問金，希望陪伴、協助遠方來臺的家屬。社區裡的資深志工楊清火接到訊息，立刻來到住都飯店跟邱董事長說明來意，希望罹難者家屬入住後，讓志工能輪班關懷陪伴。

邱董事長對慈濟有相當的認識，

當他了解志工的用心後，答應讓其進入飯店陪伴，他的家人也支持讓志工協助家屬。第二天飯店便進行人流管制，安排一間休息室，方便志工了解家屬的動向。飯店人員經常詢問需要甚麼支援，對志工非常禮遇，因為志工每天都來，比上班還勤快。

突破人為阻隔　志工分梯關懷

思及家屬可能的需求，楊清火跟團隊志工布達每位家屬需注意之重點，爾後依照人力排班輪值，原則上各區早上七點到晚上八點，分早、午、晚三班。

飯店裡，罹難者家屬每人臉上都很憂傷，無法理解這件事情的發生。楊清火會利用一大早散步及用餐前後的空檔，去跟家屬們聊聊天。他看見一位罹難者的父親告訴志工，兒子也學佛，是他們五兄弟下一代唯一的男孩，卻在這次事件中罹難，大家心都很痛。

「不可思議，最後一天早上，他竟然在飯店外打起太極拳來。」楊清火發現，這位父親經過兩、三次的聊天，吐露心聲，並在志工的關懷陪伴下，心漸漸放開了。

不過，關懷行動也不是一開始就那麼順利。志工江麗娟回想初期，因為工作分配的緣故，慈濟志工是不能接近家屬的。

七月二十日晚上，飯店大廳擠滿了人，除了家屬之外，政府負責單位貼心配置多位人員全程關懷，還有承包遼寧團行程的旅行社業者也來到飯店了解情況，加上來處理後續喪葬的葬儀社人員，但慈濟志工還是無法進駐。

其實當天飯店已安排好大廳的一角，讓慈濟志工服務，但家屬進去後，有位先生不讓慈濟志工靠近，大廳、餐廳全都不准進駐。慈濟志工被排除在外，只好回去換便服，改當飯店客人進入餐廳用餐，等候機會。在餐廳等待時，江麗娟被其他志工問到：「怎麼分辨誰是家屬？誰是陪伴者？」她回答：「說話臉上有笑容、能吃得下的，是陪伴者；神情哀戚、食不下嚥的，則是家屬。」

告別式結束後的那一晚，志工特意進去用餐，這次換穿慈濟志工服，透過餐廳經理安排在家屬的中間。用餐時真的有家屬來找慈濟志工聊天，有人並告訴江麗娟：「幾天下來不管到哪兒，看到您們的付出讓我們很放心，也讓我們無比地心安。」

深痛悲傷難解　陪伴是最佳慰藉

負責管理的單位提供每戶家屬一部專車接送，家屬每天都非常忙，還要去殯儀館確認大體。回到飯店時，看見每個人都是一臉心碎，哀傷的痛楚每日持續著；一直到全部確認後要火化，這段時間慈濟志工持續陪伴，成為他們傾吐的對象。

有位家屬說，他的女兒很愛漂亮，想要買一件漂亮衣服給她穿。「他問我們哪裡買得到？而且身體彎曲如何穿？我們當天晚上即帶他去買，並且幫他解決問題。」江麗娟接著說：「另一位媽媽主動來慈濟志工休息的地方，找我們聊，她提到這次是女兒跟女婿的蜜月旅行……她說很奇怪，知道飛機飛到臺灣領空時，耳朵就清楚聽到『南無阿彌陀佛』的佛號聲，到了殯儀館真的看到慈濟師兄、師姊在念佛，還有佛號聲，覺得很感動。」

關懷的阻隔一旦被打開，許多溫馨陪伴的互動就逐漸產生。雖然一開始還是有些家屬對慈濟志工不熟，也不敢輕易攀談，但江麗娟認為突破隔閡的方式，就是先在旁邊耐心守候著：「讓家屬們知道慈濟志工一直都在，他們一離開房間就能看到我們，外出回來也能見到我們。」

同樣來自遼寧的楊越（左三）陪伴膚慰傷心不已的高家罹難家屬（手抱掃帚者）。（攝影／陳玉萍）

「我們必須關注在家屬的心靈、以及生理上的需求照顧。」志工王衍恩陪伴高家祖孫三代、五人往生者的家屬，她看到家屬依長輩交代，千里迢迢帶著高粱掃把來臺，依序在掃把上掛著親人的衣物，邊走過事發的地點，邊呼喚親人的名字要帶親人回家，等到招魂儀式完畢，再把掃把丟棄。

頂著三十三度高溫，王衍恩撐著黑傘默默陪伴家屬來回走過五遍，家屬聲聲呼喚，在不斷的抽搐聲中，她也克制不住，淚水在眼眶中打轉。

罹難者大體安置在中壢殯儀館時，每天早上家屬用完早餐，就會驅車前往上香祭拜，按照他們當地的習俗，焚燒相當數量的紙錢，傍晚三點再來一次，燒紙錢告慰亡者。

未支薪做更多　把握人身利人群

住都飯店提供大型宴會廳放置亡者遺物，偌大的空間充滿了汽油燒焦的味道，很多行李箱外殼焦黑一片。

高家家屬領回罹難者的行李箱，外觀大致完好。高大姊打開罹難妹妹和妹夫的行李箱時，汽油味撲鼻而來；但裡面所見都是滿滿的愛，有給女兒的洋裝、短裙，還有給爸媽的補品。

「這些孩子都用不到了！」高大姊與二姊一面整理，一面說著，隨手丟到飯店準備好的大型垃圾桶裡，嘴裡一面叨唸著：「好可惜啊！好漂亮的小女生！」令人鼻酸。

有位家屬望著女兒的精品包說：「我家光是房子就有四百坪，要什麼沒有？為什麼要來這裡？」另一位來自黑龍江、坐在輪椅上掛著尿袋的父親，他喃喃自語地叨唸著：「我唯一的兒子在美國這麼優秀，為什麼會這樣？這不公平！」王衍愿不捨家屬難過的心情，總是默默地傾聽。

因為將近一週的陪伴，家屬對志工逐漸產生信任與好奇。高家大姊說她很喜歡慈濟的旗袍，問在哪裡買得到，王衍愿請她回去後，先跟當區慈濟共修處聯絡，參加見習、培訓慈濟委員，就可以請購這件「柔和忍辱衣」了。

「你結婚了嗎？你有幾個小孩？都有幫他們置產嗎？我不相信你們出來作志工沒有給薪水！沒給薪水、你家裡的吃穿用度要從哪裡來？」高家另一位從事醫療事業的舅舅，卻是難以置信慈濟志工是無償的付出，在等待火葬時，將王衍愿叫到一旁詢問。

「在我們的小區裡，發薪水請大家幫忙社區服務都不願意，嫌薪水少！世界上怎麼可能有不給薪水還自願做的？不可能有這樣的團體！」他始終難以相信，前前後後詢問過多位志工，發現答案都是一樣，仍然充滿疑惑地說：「你們不是說好的吧？」不可置信的眼神，表露無遺。

體悟無常　讓家屬帶著祝福離開

慈濟志工就這樣與往生者家屬相處了幾天，並在七月二十六日陪伴他們辦理登機手續。在登機通道兩側，慈濟志工佛號聲不斷，家屬用背帶捧著骨灰罈

家屬帶著骨灰搭機返鄉，志工至機場送機並關懷陪伴。（攝影／陳玉萍）

通關，沒背骨灰罈的家屬，則與慈濟志工們來個愛的抱抱，帶著滿滿的祝福返家。高家人也特別走過來與志工道別，志工祝福她們一路平安。

「高家人離開了臺灣，帶走市府的慰問金，留下上人的祝福金說要回贈，很多家屬也是如此回贈」，王衍愿說。

一趟歡樂旅程，竟會以意外事故悲劇收場，還影響這麼多家庭，就如證嚴上人所說：「是明日先到、還是無常先到，沒有人能預知。」這次意外事故的陪伴，讓王衍愿體悟到，要珍惜今生所遇見的每個人，恆持當下利益人群，讓生命價值發揮最大功能，才不辜負得來不易的這一生。

出境
DEPARTED
JUL 30. 2022
出境

作堅固舟　接引眾生

「造飛機，造飛機，來到桃園地……」如同兒歌〈造飛機〉的歌詞，桃園志工多年來也步步踏實，持續完善接機勤務的安排。今年他們更打造了一架飛機，作為這些美好故事的里程碑。

「上人，我們有一位聰明和一位萬能的師兄，所以這架飛機就能作出來。」鄭文章開玩笑地說。

證嚴上人行腳桃園區歲末祝福的最後一天，二〇二一年十一月十五日，用完早齋約六點半過後，以音樂手語劇演繹〈化城喻品〉的入經藏團隊，與上人溫馨座談。坐在前排的鄭文章，向上人報告他們的任務──打造一架比人還大的飛機模型。

說起「造飛機」的因緣，鄭文章歡喜道：「十月十一日晚上，秀英師姊在線上說明會說，『希望桃園各區每一場歲末祝福的入經藏演繹，都要用道具來呈現。』當下我就想到要用飛機，因桃園是立足國門、守住國門的第一線。」

然而，為什麼鄭文章當下會想到飛機呢？原來三、四月的時候，人文真善美志工李明霂希望配合這本書出版，作一架飛機。當時鄭文章答應了，卻因為疫情而暫緩。

幸而在志工呂秀英的「提示」下，原以為就此銷聲匿跡的「飛機」，由鄭文章帶領智庫、布置、道具等團隊，共同一心，發揮所長，讓飛機能夠順利啟航。

慈航匯聚善念　穿越不可能

「涂聰明開鐵材公司，由他提供鐵材，然後裁切模型，再請林榮桂、陳萬能來製作。製作前，林明華還畫了一架飛機，林榮桂則是叫兒子上網找飛機，把圖印出來。」鄭文章回首說道。

「咔……咔……」刺耳的吵雜聲，隨著焊接鐵片濺起極刺眼的火花，陣陣作響。

十月二十二日，桃園下著大雨，平時是焊接師傅的志工陳萬能，在自己的鐵工廠頭一遭為飛機做焊接，但他十分樂意：「做飛機我不專業，但我就是用心來圓滿。」

長、寬各三米八的模型飛機，是按照飛機的實際比例縮小製作，但組裝過程中，難免會遇到問題，「這樣大門進不去，是不是可以把機翼放下來或往上舉。」石美英向陳萬能反映這個問題。

「沒問題，我來想辦法！」陳萬能答得很乾脆，隨即轉身就去找「活動後鈕」來試。果不其然，後鈕一裝上，機翼終於可以升降，看似困難的關卡迎刃而解。

當地志工將這架飛機取名「慈航」，而它不只是演繹用的道具，還是一個「竹筒」。由團隊發揮巧思，設計可開啟的登機門，也在門的下方開了一個存錢口，讓大家可以投入自己的愛心捐款，持續幫助他人。

鄭文章開心道：「匯聚善念，傳遞大愛，演繹結束後，會將飛機放在靜思堂，讓大家把竹筒或是點點滴滴的善心，都可以匯集在裡面。」

而「飛機頭」，本是廠商跟涂聰明訂製的圓形白鐵片，但因放了兩、三年，一直沒有來拿，涂聰明隨口一句，「拿去試看看。」想不到，機身完成後，陳萬能將白鐵片組裝上去，尺寸就這麼剛好吻合機身，大家都覺得很不可思議。

歷經一星期緊鑼密鼓地造飛機，終於組裝成型。經營吊車公司的志工顏明進，發心出動吊車，將飛機從大溪運載至桃園靜思堂。

緊接著同樣也是志工的油漆師傅洪鴻智很快接力，「上漆前，我們要把接縫處有稍微凹陷的地方，先做補土補平，然後再打磨、噴底漆，最後上色。」塵灰沾滿全身的他一邊說明流程。

十一月三日，飛機的上半部已被漆成淡藍色，下半部為天藍色，就像穿著藍天白雲；志工李奕萍正式在飛機的垂直尾翼貼上慈濟的法船標誌，在機身貼上「慈航」兩個字，造飛機大功告成。

創意奇想　成就驚喜體驗

「啊～大愛的人，我要向您致敬，您在陌生的國度裡，為受災的人送溫情……」歲末祝福演繹當天，志工緩緩將飛機推入講經堂，隨後一群師兄高舉旗幟，〈擁抱蒼生〉歌曲隨之響起，撼動全場……

推飛機進場之一的涂聰明分享：「臺上三分鐘，臺下十年功，飛機很壯觀，配合擁抱蒼生的歌曲很震撼，這就是集大家一點智慧、一點力量，把任務完成，呈現完美畫面。」

而參與規劃設計、也是推飛機出場成員的蔡日三說：「當飛機推進講經堂，看到師兄、師姊道氣十足，我感動到差點不知怎麼將飛機繼續往前推……。」

隨著飛機進入講經堂，司儀以流利的英語廣播飛機即將降落，讓人以為自己置身航站大廈，準備搭機出境。更讓人驚訝的是，兩側機翼各自伸展，隨後是志工藍天白雲的身影，扛著毛毯、物資向苦難的人群前行。

當天擔任內場工作的志工藍明姮說，自己恍如置身在隊伍中，感動的眼淚也快奪眶而出，那是不捨眾生受苦的情懷。就如鄭文章說：「慈航可以運載群生，載著毛毯、醫療器材，還有師兄師姊到國外去賑災，也可以接引很多的海外菩薩回來，真實呈現出桃園區接送機的特色。」

而擔任生活組志工的廖玉琴則說，「看了好感動、好震撼，渾身起雞皮疙瘩，尤其飛機出場、慈濟旗海飄揚時，大家都感動到站起來拍手。」即便事後看大愛臺分享的畫面，仍不自主流下淚來。

同為舞臺前的法海區演繹人員，志工鄭婷尹和鄭湘羚分享，除了無盡的感動，更感謝慈行團隊的用心和創意奇想，成就這次驚喜的體驗。也希望能飛向更多需要慈濟的國家，送愛、送暖到全世界需要幫助的地方。

志工陳秀蘭則說，自己在法海區看見飛機進場及呈現的畫面時，感覺「飛機就是上人的悲心及大愛的精神，而弟子們跟隨上人的腳步，用大愛擁抱蒼生。感受到所有弟子的道心堅定和勇猛精進，就像大家都在一艘法船上，緊緊跟隨上人」。

雖然歲末祝福前一天晚上十一點，還接到變化球——發願時要增加〈擁抱蒼生〉一曲。為了舞臺及法海區的動作一致，因此作為指導老師的鄭秀珠，請舞臺區演繹人員吳真儀火速整理出手語圖，給大家參考。

這變化球來得又急又猛，吳貞儀形容當時壓力大到「心臟都快停止了」！但是演繹當天所呈現的飛機、旗海、以及師兄扛著物資走出來等情景，都讓大家非常感動，過程中的辛苦都值得了，也說明只要大家合心，沒有做不到的事。

鄭文章提及昨日上人多次說，慈航的登機門太小了，他想那是上人要提醒桃園志工：「『心門』要打開，靜思堂的『大門』也要打開，才接引更多菩薩踏入慈濟。」

飛上去，飛上去，飛到法雲裡……

「願慈濟因緣不息　普渡眾生上慈航」，慈航如一個個化城，航向全球，跨越宗教與種族，運載群生，離苦得樂，匯聚大愛。

※桃園慈濟真善美志工
記於二〇二一年十一月十五日溫馨座談

2021 年 11 月 14 日，桃園區歲末祝福暨授證典禮於桃園靜思堂舉行，全體志工演繹〈法華經化城喻品〉，並製作「慈航飛機」，展現當地長期負責接送機勤務之特色。（攝影／謝佳成）

附錄

附錄一

桃園市及新北市鶯歌區行政區域

桃園區慈濟志工和氣分布圖。★ 為桃園國際機場所在地。桃園市共有新屋區、觀音區、楊梅區、龍潭區、大園區、蘆竹區、中壢區、平鎮區、龜山區、桃園區、八德區、大溪區和復興區共十三個行政區，有十五個和氣分布其中。而新北市鶯歌區位處桃園市邊界，前往桃園的交通也較容易，因此被併入桃園區和氣，稱為鶯歌和氣。

慈濟志工組織裡的「和氣」是什麼？

慈濟立體琉璃同心圓的志工組織架構，分為「合心、和氣、互愛、協力」，以縣市行政區域為基準劃分志工服務範圍，節省交通時間，達到落實社區、就近照顧鄰里。「和氣」上承「合心」，下通「互愛」，串連最小單位「協力」——協力由社區中十五至二十位志工組成，服務範圍約是一條街或一條路；四到八個協力組成一個互愛；再由二到四個互愛組成一個和氣。而志工勤務的評估、規劃、以及訊息布達和統整，由和氣的志工幹部負責，是社區運作的核心。

桃園區在改組「合和互協」後，接機勤務以和氣為單位輪流承擔，並依照勤務性質滾動調整。如遼寧觀光團火燒車事件屬緊急勤務，需要馬上前往現場，就由事發當地的蘆竹和氣關懷；或如人醫會這類大型營隊活動，則能聯合數個和氣區一同執行勤務，而有聯區之劃分。

「合和互協」源於二〇〇三年，因應成員人數增加，證嚴上人提出新的組織架構：立體琉璃同心圓、四法四門四合一。「四門」即合心、和氣、互愛、協力，而無論執行什麼勤務，都應具備「合和互協」、共同一心的態度，因此又稱四合一。相較早期是將女眾志工團體分為「組」，男眾志工團體分為「隊」，並隨著志工人數增加擴編組、隊。至一九九九年桃園共有十四個組、隊，接機勤務則分發組、隊輪流協作。「合和互協」則延續組、隊概念，設置各和氣區組、隊長，互愛、協力等命名亦以此類推。而截至二〇二〇年，桃園共有四千二百多位受證志工。

2013 年 9 月桃園靜思堂 接送機 接待 預定表(0822V)

日期	地區姓名人數	班次	起點	起訖時	終點	承擔組隊	備註
09/1	馬來西亞 1 位男學生	0831 已到			桃園靜思堂		08:30 早餐(炒米粉或炒麵) + 小菜 備開水外加辣椒
	(1) 泰國黎府大學 1 位女學生(0822V 合併)	TG634	1 航廈	11:50	桃園靜思堂		
	(2) 泰國瑪希隆大學 1 位女學生						32 位 建華師兄代聘大巴 x1 歡迎接機 楊龍和氣組隊 傅從發師兄 09xxxxxxxx 王處伴師姐 09xxxxxxxx 備點心水果參訪恰恰好惜福站、統領靜思書軒大愛生活館、16:00 回來用點心
	(4)泰國朱拉隆功大學 1 位女老師 +5 位女學生						
	(3)日本愛知學泉大學 1 位男教授 4 位男學生 18 位女學生+	JAL821	2 航廈			靜思堂主接待	
	(5) 泰國朱拉隆功大學 1 位女學生	C166	1 航廈	13:05	桃園靜思堂	同安和氣組隊 陳鳳英師姐 09xxxxxxxx 黃添財師兄 09xxxxxxxx	11 位 歡迎接機 蘆竹和氣組隊 石美英師姐 09xxxxxxxx 蘇建坤師兄 09xxxxxxxx 備點心水果參訪長榮環保站、恰恰好惜福站、統領靜思書軒大愛生活館、17:00 回來
	(6)日本大阪大學 5 位女教授 +1 位男學生 4 位女學生	CX565					
	(7)韓國大真大學 1 位男老師+1 位女老師 +3 位男學生+13 位女學生	CI161	1 航廈	14:10	桃園靜思堂	大廳小圓桌 台式餐點 本地水果 泰國+辣椒 互動接待 外語隊陪伴	19 位建華師兄代聘中巴 x 1 歡迎接機 龍岡和氣組隊 洪月英師姐 09xxxxxxxx 何振碩師兄 09xxxxxxxx 備水果參訪統領靜思書軒大愛生活館、17:00 回來 感恩隨車領進
	(8)鞍山師範學院 1 位男老師 +3 位男學生 9 位女學生	ZH9025	2 航廈	16:15	桃園靜思堂		27 位建華師兄代聘大巴 x 1 歡迎接機 中壢和氣組隊 陳秀淵師姐 09xxxxxxxx 巫復東師兄 09xxxxxxxx 感恩隨車領進
	(9)遼寧科技大學 3 位男老師+1 位女老師 +7 位男學生 3 位女學生						
	上列 88 位到花蓮 22:15	自強 284	桃園靜思堂	19:35	桃園火車站		建華師兄代聘大巴 x 2 + 機動車，18:00 晚餐，備點心水果 行李協助，18:45 送車站月台行李協助

2013 年 9 月桃園靜思堂 接送機 接待 預定表 0909V

日期	地區 姓名 人數 2013 國際人醫會	W	M	=	班次	起點	起訖時	終點	承擔組隊	備註
09/13	1 澳大利亞				3U8977	松山機場	16:45	桃園靜思堂	北區協助	晚餐 安單 生活 互動接待
09/14	2 中國大陸 楊海 3 男+3 女				CX472	1 航廈	17:40			
	慈濟技術學院姐妹校交流交學				自由行		20~21:00	桃園靜思堂		清涼晚點心安單生活互動接待 外語隊陪伴
09/15	(1)泰國瑪希隆大學 1 位女學生 (4)泰國黎府大學 1 位女學生				TG637	桃園靜思堂	07:50	1 航廈		2 位 備早餐 06:00 八德和氣送機場
	(2)廈門醫學高等專科學校 3 位女老師 +1 位男學生 9 位女學生				MF888		11:25	2 航廈		13 位 09:00 送機場 感恩同安和氣組隊 陳鳳英師姐 09xxxxxxxx 黃添財師兄 09xxxxxxxx
09/15	3 美國 Ines ○○○○	1			CA185	2 航廈	11:45	桃園靜思堂	靜思堂主接待 行李協助 八德和氣組隊 蕭素靜師姐 09xxxxxxxx 徐熙楷師兄 09xxxxxxxx 技術學院姐妹校 06:30 早餐 2013 國際人醫會 午餐 晚餐 安單 生活 互動接待	30 位 建華師兄代聘大巴 X 1 接機歡迎 楊龍和氣組隊 領車:
	4 新加坡吳○○ 安單 23 位	23	6	29	3K721		11:55			
09/15	(3)中國北京大學 5 位女老師 +4 位女學生+1 位男學生				CA186	桃園靜思堂	13:00	2 航廈		
	(5)泰國朱拉隆功大學 1 位女學生				CI835		13:20	1 航廈		18 位 建華師兄代聘中巴 x 1 10:30 點心式午餐 11:00 開車 機場行李 協助歡送 龍岡和氣組隊 洪月英師姐 09xxxxxxxx 何振碩師兄 09xxxxxxxx
	(6)韓國大真大學 1 位女老師 +3 位男學生+13 位女學生				CI9036		13:25			
09/15	5 美國	1			CZ3097	2 航廈	13:30	桃園靜思堂		22 位 建華師兄代聘中巴 x 1 接機歡迎 平鎮和氣組隊
	6 新加坡 李○○	17	3	20	TR2994		13:45			
	7 馬來西亞		1	1	MH366	1 航廈	14:05			
09/15	8 馬來西亞	11	3	14	CX564	1 航廈	14:55	桃園靜思堂		34 位 建華師兄代聘大巴 X 1 接機歡迎 中壢和氣組隊
	9 中國大陸 蔡○○	4								
	10 馬來西亞	10	5	15	CX466	1 航廈	15:15			

楊慶鐘自 2006 年承擔接機排班工作，以自己唯一熟悉的 Word 製表，提供接送機志工使用。大部分的接送機志工年紀都較大，為方便志工閱讀，表格按航班抵達時間排序，讓志工可以時間為基準接機，備註內容也會盡量精準簡易地說明接送機注意事項，並用紅字、藍字等，標註緊急或新增的接機需求。

2019 年 09 月　桃園靜思堂 接送機 接待 預定表(海外+大陸)0905 修

日期	國家/單位 地區 姓名/領隊 連絡電話	交通接送 人數	安單人數 男M	安單人數 女W	用餐人數 早	用餐人數 午	用餐人數 晚	車次航班 班次 (飛機/火車)	起訖時間 抵達/起飛	起點 (航站別/車站別)	終點 (送達地)	承擔組隊	備註(可填寫有大型行李、物資、特殊需求、其他需協助事項等等)
9/5	慈院細胞中心/陳○○ /09xxxxxxxx		1								桃園靜思堂		續住到9/7、新竹工研院受訓 和氣 603
9/5 新增	高○○ 09xxxxxxxx	2	0	3	0	0	0	區間 1251	20:25	桃園車站	桃園靜思堂		協助火車站接回安單互愛403
9/6 新增	高○○ 09xxxxxxxx	3	0	3		0	0	BR271	09:20	桃園 T2	菲律賓 馬尼拉機場	中路和氣 張羅月娥師姊 09xxxxxxxx 蔡雨龍師兄 09xxxxxxxx	10 箱物資 (6:30 出發) 
9/6 新增	本會鄭○○師姊	1		1							靜思堂		協助安單(互愛 403)
9/7	印尼四合一 梁○○		13	38			51	16:30 抵達		台北慈濟醫院	桃園靜思堂		由花蓮宗教處同仁派車 協助晚餐與安單(寶二) 13 男和氣 601 16 女互愛 401 16 女互愛 402 6 女互愛 403
9/8	印尼四合一 梁○○	40			40			BR237 飛機	09:00	桃園靜思堂	桃園機場 第二航廈	中正和氣 程燕菁師姊 09xxxxxxxx 李來進師兄 09xxxxxxxx	訂大巴士 NO.5　6:20出發早餐外帶 (寶二)
9/8	印尼四合一 陳○○	8			8			CI761、CI641 飛機	08:45	桃園靜思堂	桃園機場 第一航廈		訂中巴士 NO.6　6:00出發早餐外帶
9/8	印尼四合一 馮○○ +62xxxxxxxxxxx	3		3	3	3		Air Asia D7 379	13:30	桃園靜思堂	第一航廈		協助11:00出發送到機場，午餐外帶 中正互愛
9/7 修	大陸/福州 汪○師兄(136xxxxxxxx)	7 6						MF879	10:25	桃園 T2	機場捷運		請協助備午餐便當 6 份, 引導至機場捷運, 並轉交台鐵車票, 車票後續會轉給志輝師兄代轉接機師兄林茂行師兄

敬愛的菩薩：

桃園團隊接機接待，因緣合和適逢地緣加上人緣，長期承蒙全球慈濟人厚愛與普天下慈濟人結好緣的福田，為配合方便易解的模式，謹提供現行桃園接機接待預定表作為參考，敬請協助配合：

1、 日期：敬請以月 / 日填寫，年份請於主標題呈現即可，若為同日請以同一欄呈現以示區隔，並依日期日順延，才不致看到眼花。
2、 國家 / 地區 / 姓名 (領隊) 電話 ： 因應本會作業需求：國家 / 地區務必標示，而於大團敬請提供帶隊領隊姓名與電話，若是個人請務必提供姓名與電話 (尤其穿便服者更是需要的，並請海外慈濟家人於通關入境後，所呈現的是慈濟服裝以利辨認) 。
3、 M：代表男眾，W：代表女眾，所增加的迎接與安單欄為男眾與女眾之總人數，以利區隔迎接總量與安單總量的統計。
4、 班次：(飛機 / 火車) 所接駁的非單一類別，敬請提供航班代號與火車代號或其他說明 (自理、自由行、旅行社帶隊)，同一航班請以同一欄位呈現。
5、 起點 (航站別 / 車站別) 所接駁的非單一定點，機場現有第 1、2 兩個航站，第 3 航站正建設中，加上…或台鐵 / 高鐵與各地志業體定點 (台鐵在市區到靜思堂約 2~3KM，高鐵在郊區來回 40KM，非特別因素請在 5 號門搭免費接駁車進市區再接駁) 。
6、 時間：請以 24 時制呈現：如 13:20，因 AM & PM，對西式不了解的菩薩可能產生誤解，單日安單敬請於來程日與去程日標示交通資料，多日安單敬請最終去程日加標交通資料。
7、 終點：(送達地) 所接駁的非單一定點，與起點相反地點或地址敬請填寫清楚。
8、 承擔組隊：桃園團隊結好緣福田承擔分享，或友區支援
9、 備註：方便團隊運作的附註要項提示。
10、本表格可套用於 execl 或 word 延伸的，因應工作需求敬請額外的需求採外掛的欄位，並可無限延伸，而為方便團隊需求或與節省列印紙張　，以一頁範圍考量，可以採剪下方式簡化表格作業，避免重複製表核對又眼花，浪費無謂的時間。

桃園靜思堂團隊　03-3586111 陳志輝師兄 (分機 182) 許玉鳳師姊 (分機 181) 感恩合十

2015 年桃園分會同仁陳志輝接手製作接機排班表，他依照楊慶鐘的製表原則，整理出固定格式，讓大家自行填寫，並將原則註記在下方，供填表者參考。

入境・出境　安樂利行——桃園慈濟志工接機接待史

作者　桃園慈濟人文真善美志工

作者名錄　（依姓氏排列）王寶桂、江辰青、何錦霞、李志雲、李明霂、李相岱、李偉嵩、汪奇諭、林洋彬、邱泓宸、范如溱、張美智、梁妙寬、許木柱、陳玉珠、陳明麗、陳秀貴、陳怡霖、陳宜君、陳瓊玲、陳寶如、曾慶安、黃秝淇、楊仁宏、楊棋堡、楊逸萍、楊瑩、楊麗如、葉美瑛、劉秀觀、劉淑華、蔡芬煅、霍濤、薄欣、謝秀完、韓東雙、簡金精、藍明姮

圖像記錄　（依姓氏排列）Jonas Trinidad、江展楠、江淑芬、呂孟玲、呂文慶、吳木、吳秀財、吳碧珠、李月真、李委煌、李佩璇、李昭田、李卿仁、李茗秉、卓秀蔭、周幸弘、林宗興、林德旺、邱百豊、施月嬌、施仲銘、洪瑞仁、徐明江、徐脩忠、康和村、張秀鑾、張淑卿、曹書豪、莊懿珍、郭林淑芬、陳玉美、陳玉萍、陳坤富、陳明麗、彭榆淨、湯謹禎、程三令、黃秝淇、黃崇智、楊淑惠、溫素蕊、詹秀芳、鄭阿典、鄭臺昇、蕭嘉明、戴震宸、謝佳成、顏霖沼、羅景譽

策畫指導　顏博文
總策畫　何日生
出版統籌　賴睿伶
企　畫　羅世明、江淑怡、倖開璿、李明霂
文字編輯　賴睿伶、吳永佳、羅世明、倖開璿
文字校對　吳永佳、羅世明、倖開璿
封面設計　王佳怡
美術編輯　王佳怡
責任編輯　吳永佳
企畫選書人　賈俊國

總編輯　賈俊國
副總編輯　蘇士尹
編　輯　高懿萩
行銷企畫　張莉榮・蕭羽猜・黃欣
發行人　何飛鵬
法律顧問　元禾法律事務所王子文律師
出　版　布克文化出版事業部
台北市中山區民生東路二段141號8樓
電話：(02)2500-7008　傳真：(02)2502-7676
Email：sbooker.service@cite.com.tw

發　行　英屬蓋曼群島商家庭傳媒股份有限公司城邦分公司
台北市中山區民生東路二段141號2樓
書虫客服服務專線：(02)2500-7718；2500-7719
24小時傳真專線：(02)2500-1990；2500-1991
劃撥帳號：19863813；戶名：書虫股份有限公司
讀者服務信箱：service@readingclub.com.tw

香港發行所　城邦（香港）出版集團有限公司
香港灣仔駱克道193號東超商業中心1樓
電話：+852-2508-6231　傳真：+852-2578-9337
Email：hkcite@biznetvigator.com

馬新發行所　城邦（馬新）出版集團 Cité (M) Sdn. Bhd.
41, Jalan Radin Anum, Bandar Baru Sri Fetaling,
57000 Kuala Lumpur, Malaysia
電話：+603- 9057-8822　傳真：+603- 9057-662
Email：cite@cite.com.my

印　刷　卡樂彩色製版印刷有限公司
初　版　二〇二二年五月
定　價　四五〇元
ISBN　978-626-7126-29-5
EISBN　978-626-7126-30-1(EPUB)